30 fiches pour réussir
les épreuves de français

Concours catégories B et C

Éditions d'Organisation
Groupe Eyrolles
61, bd Saint-Germain
75240 Paris cedex 05

www.editions-organisation.com
www.editions-eyrolles.com

Jean-François Guédon
Jean-Pierre Colin

30 fiches pour réussir les épreuves de français

Concours catégories B et C

EYROLLES

Éditions d'Organisation

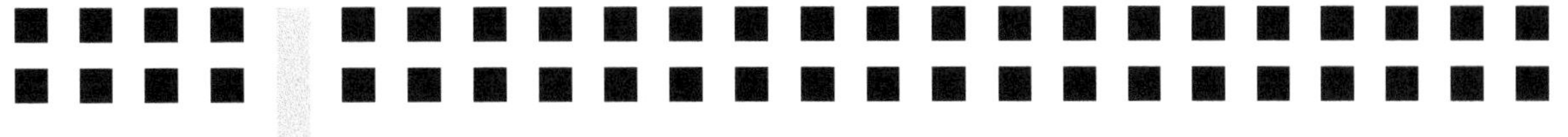

SOMMAIRE

PARTIE 2 – BIEN ÉCRIRE, COMPRENDRE, MÉMORISER

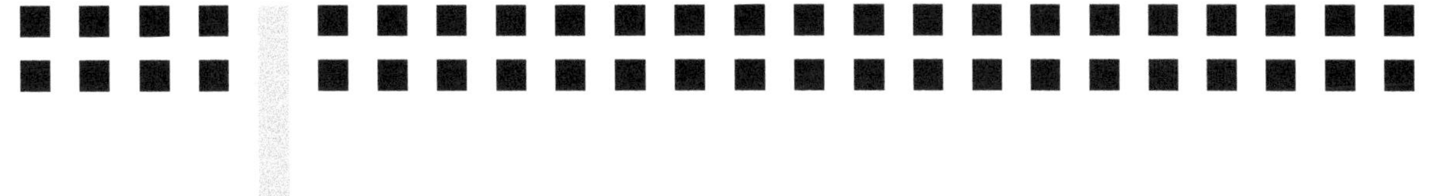

Introduction

Se préparer aux épreuves de français implique de revenir sur ses années d'école, sur les cours de français du collège, la grammaire, le vocabulaire, l'orthographe… « **Bien ennuyeux !** », diront certains (certaines), en revoyant le tableau noir (ou vert), la craie, une époque qu'on voudrait peut-être oublier, l'impression d'avoir perdu son temps ou, peut-être, de n'avoir pas saisi la chance d'une culture qui nous aurait servi… après. Car l'après du collège est venu, et les « manques » se font sentir : savoir s'exprimer avec aisance, par oral, mais aussi par écrit, dire, se dire, s'expliquer, se faire comprendre. Capital, n'est-ce pas ? Et pas seulement dans la vie courante. Au bureau, dans le métier, avec les collègues, la direction, il faut **organiser** ses idées et les **exprimer au mieux** pour se défendre ou défendre son point de vue. Il y faut de l'organisation et du style ! Nécessaire, la façon correcte de tourner ses phrases sans s'embrouiller dans les temps de verbes, les mots qui ne marchent pas ensemble, etc.

Les mêmes difficultés apparaissent dans la préparation du concours.

Parce que là, on est tout seul devant la page à remplir, et il n'est pas question d'écrire n'importe quoi. Surtout si l'on connaît la matière : c'est rageant de ne pas savoir l'exprimer de la meilleure façon !

Une bonne pratique du français nous permet de gagner ce défi.

Le français est nécessaire partout, même dans les maths, dans l'économie, dans le droit…

Et l'on trouve, bien sûr, une **épreuve spécifique de français**, spécialement dans les concours de catégories B et C tels que :

- agent de recouvrement du Trésor public ;
- gendarme ;

- surveillant pénitentiaire ;
- gardien de la paix ;
- adjoint administratif territorial ;
- sapeur-pompier ;
- gardien de police municipale ;
- et, depuis juin 2008, concours commun pour les agents des impôts, des douanes, du Trésor public et de la DGCCRF (Direction générale de la concurrence, de la consommation et de la répression des fraudes).

Le français est une langue bien agréable ; elle nous paraît facile, elle nous permet d'exprimer nos joies, nos peines, nos surprises, nos déceptions, nos amours, nos problèmes, une langue **vivante**, quoi ! Facile, mais pas évidente à maîtriser quand on est en face de l'Administration, car il convient alors de s'exprimer avec rigueur, selon les règles, et pas selon l'humeur et l'inspiration du moment.

Il faut choisir ses **mots**. Il faut choisir ses **phrases**.

Un texte, c'est comme un village. Les **mots** sont les personnages qui y habitent, les **phrases** sont les rues où ils se promènent.

Les mots, comme toutes les personnes que nous croisons, ont leur nature et leur fonction, c'est-à-dire leur emploi. Une grande partie de cet ouvrage est consacrée à la grammaire des mots, c'est-à-dire à leur nature (sont-ils des noms, des articles, des verbes ?) ainsi qu'à leur emploi ou « fonction » (sont-ils sujets, attributs, compléments ?).

Il faut également s'occuper des phrases. Les phrases sont des rues qui conduisent les unes aux autres selon **l'itinéraire d'un texte**. Quand on parle, quand on écrit, il faut choisir un itinéraire pour énoncer l'idée qu'on veut exprimer. On peut choisir des tournures exclamatives, des tournures interrogatives. Mais la plupart des phrases qu'on utilisera seront déclaratives. La phrase déclarative se termine par un point, tout simplement. La phrase exclamative s'orne d'un point d'exclamation (à l'écrit). À l'oral, l'exclamation se traduit par un relèvement du ton de la voix. Il en est de même pour la phrase interrogative : point spécifique d'interrogation et relèvement du ton de la voix.

Vous devriez vous exercer à lire à haute voix des textes simples, peut-être en les enregistrant, afin de vous familiariser avec ces différentes formes d'élocution. Il y a aussi une manière, en parlant, de faire ressortir les « citations », lesquelles sont présentées à l'écrit par des guillemets.

Pour résumer ce qui concerne les **phrases**, on en distingue quatre types et deux formes :

- Types de phrases :
  - **Déclarative** (se termine par un point).
  - **Interrogative** (comporte une question. Se termine par ?).
  - **Exclamative** (se termine par !).
  - **Injonctive** ou impérative (donne un ordre. Se termine aussi, habituellement par !).

- Formes :
  - affirmative ;
  - négative.

Retenez ces explications, pour le cas où l'on voudrait vous piéger dans l'épreuve de français, avec une question sur ce point précis.

Le but de cet ouvrage est de réactiver vos souvenirs scolaires. Vous y trouverez donc des rappels indispensables ainsi que des « trucs » ou astuces pour éviter les fautes les plus criantes ou choisir la bonne réponse quand on vous en présente plusieurs. Mémorisez ces astuces, faites votre auto-évaluation en répondant à toutes les questions des exercices proposés. (Comparez vos réponses à celles du corrigé proposé dans chaque fiche. Le nombre de points à gagner vous sera clairement indiqué).

En fiche 15, vous tenterez l'expérience d'un examen blanc.
En fiches 29 et 30 (fin de parcours, donc), vous affronterez deux situations de concours.

Vos nouveaux acquis et vos propres souvenirs réactivés vous permettront de gagner les points indispensables pour réussir le concours que vous préparez.

PARTIE 1

Des mots, des phrases, des textes

S'intéresser aux mots

Temps 1

Commencer...

Crac, une branche qui casse ; **pfut**, le vent qui souffle ou un ballon qui se dégonfle ; **bzzz**, une mouche qui vole ; **vlan**, un choc brutal ; **dring**, un téléphone qui sonne… Les onomatopées, c'est déjà un langage qui exprime toute une gamme de sentiments : l'admiration (**Oh ! Ah !**), la peur, le dégoût (**beurk !**), l'envie, le soulagement (**ouf !**) comme le sait tout lecteur de BD.

Ainsi, peut-être sont nés les **mots**. Un langage *oral* d'abord.

Vient ensuite le langage *écrit* : il faut communiquer avec l'absent, lui laisser un message, une trace de la pensée. Certaines civilisations adoptent le pictogramme, d'autres créent des lettres, constituent des alphabets. Les mots prennent forme. Encore faut-il les agencer entre eux : c'est l'affaire d'une « syntaxe ».

Traditionnellement, on distingue la *nature* des mots (quoi ? quelle catégorie de mots) et leur *fonction* (pour servir à quoi ?).

La nature d'un mot, c'est sa *catégorie* dans un classement (celui des grammairiens). La fonction d'un mot, c'est le *rôle* qu'il joue dans la phrase.

Dans la vie courante, on confond parfois les gens et leur fonction. Par politesse, cependant, on essaye de ne pas confondre les gens et leur travail… surtout qu'on ne passe pas sa vie au travail. Faisons de même et distinguons bien la nature des mots et leur fonction.

Classer pour s'y retrouver…

• Voici les catégories de mots classés selon leur nature :

Verbe/nom/adjectif/article/pronom/préposition/ conjonction/adverbe/interjection.

Le **verbe** exprime que l'on **est** quelque chose ou quelqu'un (état), ou que l'on **fait** quelque chose (action) : « Je suis, j'existe » (état) ; « La neige est blanche » (état) ; « Le vent souffle » (action).

Le **nom** désigne une personne, un animal, une chose, une caractéristique, une action… : (le) maire, (la) vache, (l') immeuble, (la) vitesse, (la) course.

L'adjectif est un mot joint au nom pour en indiquer une qualité ou pour apporter une précision indispensable : « Un *bel* arbre » (qualité) ; « *Notre* maison » (précision qui « détermine » cette maison, entre beaucoup d'autres maisons).

L'article précise aussi le nom, en particulier il indique s'il est masculin ou féminin, singulier ou pluriel.

Le pronom remplace le nom (« – elle – les deux – le mien »), mais sans indiquer l'identité de ce dont il parle : ce n'est pas utile puisqu'en général le nom figure déjà dans la phrase.

La préposition, la conjonction sont des outils de liaison (entre les mots ou entre les éléments de la phrase) qui se définissent surtout par leur fonction.

L'adverbe se définit aussi par sa fonction de « modificateur » de l'adjectif, du verbe ou d'un autre adverbe.

• Voici maintenant le répertoire des divers emplois ou « fonctions » que les mots peuvent tenir dans la phrase.

**Sujet/épithète/apposition/apostrophe/complément/attribut/
fonction de relation/fonction de détermination/fonction de modification.**

Le **sujet** est la personne ou la chose qui *fait* ou *subit* l'action exprimée par le verbe. Dans une phrase, si courte soit-elle, le sujet existe toujours, exprimé ou sous-entendu. « Viens ! » (sous-entendu « toi, qui es là »).

On peut trouver des sujets « apparents », qui ne sont pas les vrais sujets. Ainsi, dans « il pleut », « il neige », *il* n'est qu'un pronom outil pour conjuguer le verbe. Dans « il tombe de la pluie », on appelle *il*, sujet apparent et *pluie*, sujet réel. Qu'est-ce qui tombe ? De la pluie.

On trouve le sujet en posant devant le verbe la question : « qui est-ce qui ? » quand il s'agit d'une personne et « qu'est-ce qui ? » quand il s'agit de choses.

« Colombo conduit sa voiture » – Qui est-ce qui conduit ? Colombo. Colombo > sujet de conduit.

Le **complément** est le mot qui précise le sens d'un autre mot, en particulier du verbe. Sans complément la phrase serait souvent incompréhensible.

La construction du complément peut être **directe** ou **indirecte** (« indirecte » quand cette construction utilise une préposition : l'alcool nuit à la santé > préposition à).

Le complément peut être **d'objet** ou de **circonstance**. (Le complément d'objet désigne toujours la personne ou la chose sur laquelle s'exerce l'action indiquée par le verbe.)

Astuce

- On trouve le **complément d'objet direct** en posant après le verbe la question : qui ?, ou quoi ?
  « Colombo aime son chien. » Colombo aime qui ? Son chien. Chien > COD de aime.
- On trouve le **complément d'objet indirect** en posant après le verbe la question : à qui ? à quoi ? de qui ? de quoi ?
  « Colombo tient à sa voiture. » Colombo tient à quoi ? À sa voiture. Voiture > COI de tient.

Épithète, apposition, apostrophe, attribut sont des mots ou des expressions qui précisent les qualités ou l'identité du NOM auxquels ils se rapportent.

L'épithète qualifie immédiatement le nom, sans l'intermédiaire d'un verbe :

« L'astucieux Colombo mène l'enquête. » Astucieux, épithète de Colombo.

La fonction de **détermination** est tenue par des mots qui permettent de mieux identifier l'élément auquel ils se rapportent. Par exemple, ils en indiquent le genre et le nombre : *une* table, *des* ciseaux.

La fonction de **relation** permet de joindre des noms entre eux : « du pain *et* du vin », « du vin *ou* de l'eau », ou de joindre entre elles des parties de la phrase, par exemple une principale et une subordonnée : « J'aime le chien *que* je caresse. »

La fonction de **modification** est attribuée à un mot bien particulier, **l'adverbe**, qui peut changer ou moduler le sens d'un adjectif, d'un verbe ou d'un autre adverbe. « Le chien que j'aime *tendrement*. »

 *Temps 2*

JE M'ENTRAÎNE… AVANT DE M'AUTO-ÉVALUER

Reconnaissons la nature des mots

Un exemple

« Patin, bon matelot mais brutal, fréquentait le cabaret du père Auban où il buvait aux jours ordinaires quatre ou cinq petits verres de fil [eau-de-vie] et aux jours de chance à la mer, huit ou dix, ou même plus suivant sa gaieté de cœur, disait-il. »

(Maupassant, *Le Noyé.*)

Trouvons 3 noms, 3 verbes, 3 adjectifs, 3 articles, 3 pronoms – dans l'ordre où ils se présentent.

Noms : **Patin** (nom propre), **matelot, cabaret.**

Verbes : **fréquentait, buvait, disait.**

Adjectifs : **bon, brutal, ordinaires.**

Articles : **le** (cabaret), **du** (père Auban, du = de + le), **aux** (jours de chance, aux = à + les)

Pronoms : **où** (*où* il buvait/*où* remplace *cabaret*)

Il (*il* buvait/*il* remplace *Patin*)

Il (disait-*il*/*il* remplace *Patin*)

C'est à vous !

Faites un exercice semblable, avec le texte suivant, en trouvant 7 noms, 3 verbes, 2 adjectifs, 3 articles et 1 pronom, dans l'ordre où ils se présentent.

« Le fil était servi aux clients par la fille au père Auban, une brune plaisante à voir et qui attirait le monde à la maison par sa bonne mine seulement, car on n'avait jamais jasé sur elle. »

(Maupassant, *Le Noyé*.)

Reconnaissons la fonction sujet/complément du verbe/ épithète

À vous de jouer !

Trouvez les sujets, les compléments de verbes, les épithètes dans ce texte.

« Patin, bon matelot mais brutal, fréquentait le cabaret du père Auban où il buvait aux jours ordinaires quatre ou cinq petits verres de fil [eau-de-vie] et aux jours de chance à la mer, huit ou dix, ou même plus suivant sa gaieté de cœur, disait-il »

(Maupassant, *Le Noyé*.)

 *Temps 3*

JE ME CORRIGE ET JE M'AUTO-ÉVALUE

Pour vous auto-évaluer et pouvoir remplir la fiche de bilan annexée à la fiche 10, notez vos réponses justes/et vos erreurs. Vous pouvez utiliser un stylo rouge...

Reconnaissons la nature des mots

Noms : fil (signifie *eau-de-vie*)/clients/fille/Auban (nom propre)/brune (adjectif pris pour nom, donc « substantivé »)/monde/maison/mine/Maupassant (nom propre)/ Noyé (adjectif substantivé et pris comme nom propre avec sa majuscule)   **10 points**

Adjectifs (3) : servi (participe adjectif)/plaisante/bonne   **3 points**

Articles (3) : le/aux/la   **3 points**

Pronom (1) : qui (pronom relatif, mis pour « une brune »)   **1 point**

Reconnaissons la fonction sujet/complément du verbe/ épithète

Les sujets

Les « sujets » ont un rapport direct avec les verbes, fréquentait, buvait, disait.

Trouvons les sujets :

Qui est-ce qui fréquentait ? **Patin** > sujet de fréquentait

Qui est-ce qui buvait ? **Il**, mis pour Patin. Il > sujet de buvait.

Qui est-ce qui disait ? **Il** > sujet de disait.

Les compléments de verbes

Le père Patin fréquentait quoi ? Le **cabaret** > complément d'objet direct de fréquentait.

Il buvait quoi ? Des **verres** de fil. Verres > COD de buvait.

Il disait quoi ? > Pas de COD.

Les épithètes

Bon > épithète de matelot

Brutal > épithète de matelot

Ordinaires > épithète de jours.   **9 points**

Total : 26 points

Les mots et leurs fonctions

Temps 1

JE RÉVEILLE MES ACQUIS

La fonction : une aide pour l'orthographe

Pour que le message écrit soit clair et sans ambiguïté, la fonction de chaque mot et ses liens avec les autres (les fameux « accords ») sont indiqués dans l'orthographe. Bien saisir les fonctions, c'est donc pouvoir mieux orthographier.

Dans la phrase : « Les roses blanches sont parfumées », l'adjectif *blanches,* épithète du nom roses, adopte le pluriel. L'adjectif *parfumées,* attribut de roses, se met également au pluriel. Les mots « blanches » (épithète) et « parfumées » (attribut) dépendent du nom qu'ils qualifient et s'accordent avec lui.

L'apposition, l'apostrophe, suivent les mêmes règles d'accord, en genre et en nombre, avec le nom dont elles dépendent.

Et les mots invariables ?
Certaines fonctions entraînent l'indépendance, « **l'invariabilité** » du mot qui endosse cette fonction : ainsi, la fonction de coordination, tenue par les conjonctions de coordination, la fonction de modification, tenue par les adverbes.

Et si l'on y voyait plus clair ?...

Approfondissons l'étude des fonctions

La fonction « sujet »

Le **sujet** est l'être dont on exprime un **état** ou une **action** ou auquel on attribue une qualité :

« Le vent souffle où il veut », « La neige est blanche ».
Le mot *vent* est sujet du verbe souffler. Ce verbe exprime une **action**.
Le mot *neige* est sujet du verbe être. Ce verbe exprime un **état**.

Un groupe de mots peut être considéré comme sujet.

Dans la phrase de Maupassant : « Le vieux marchand de vin qui connaissait tous les trucs, faisait circuler Désirée [sa fille] entre les tables pour activer la consommation » (*Le Noyé*), cherchons le sujet du verbe principal « faisait circuler ».

Qui est-ce qui *faisait circuler* ? Le sujet simple est « marchand ». Le groupe sujet est « le vieux marchand de vin », c'est-à-dire le sujet simple accompagné des mots qui le qualifient, le déterminent ou le complètent.

Le rôle du sujet peut être rempli par :

1. Un **nom** : L'*hirondelle* attend le printemps.
2. Un **pronom** : *Nous* travaillons dans le même bureau.
3. Un **adjectif** employé comme nom : Les *envieux* font leur propre malheur.
4. Un **verbe** à l'infinitif : *Fumer* nuit à la santé.
5. Un **mot invariable** : *Combien* ont disparu dans l'attentat !
6. Une **locution** (ou « groupe de mots ») : *Chanter en travaillant* stimule l'énergie.
7. Une **proposition entière** : *Que le témoin soit entendu* est important.

La fonction « complément du verbe »

Nous avons déjà rencontré le complément d'objet direct (COD) dans la fiche 1.

Le **complément d'objet indirect** peut être également un complément « **d'attribution** » quand il indique au bénéfice ou au préjudice de qui se fait l'action :

« Je prête mon lecteur de CD **à mon voisin.** »

« Le général lance ses troupes **contre l'ennemi.** »

Le complément d'attribution répond aux questions : à qui ? à quoi ? pour qui ? pour quoi ? contre qui ? contre quoi ?

Avec les verbes **passifs** on trouve le **complément d'agent** (l'agent est celui qui agit) :

« Le **lièvre** fut tué par le **chasseur**. »

Qui est-ce qui fut tué ? Le lièvre. *Lièvre* est bien le sujet du verbe passif. Mais qui a fait l'action de tuer ? Qui est « l'agent responsable » ? Le *chasseur* > complément d'agent du verbe *tuer* au passif.

Approfondissons l'étude des **compléments circonstanciels**.

Ces compléments précisent les circonstances de l'action :

Le **lieu** : « *Je demeure à Paris.* » Question : je demeure où ?
Le **temps** : « *J'arriverai à midi demain.* » Question : j'arriverai quand ?
La **manière** : « *Je travaille avec courage.* » Question : je travaille comment ?
Le **but** : « *Je travaille pour gagner plus.* » Question : dans quel but ?
La **cause** : « *Il se mordait les doigts d'impatience.* » Question : il se mordait les doigts pourquoi, pour quelle cause ? Réponse : d'impatience. *Impatience* > complément circonstanciel de cause du verbe « se mordait les doigts ».

Les compléments circonstanciels sont innombrables : de prix, d'origine, de mesure, de poids, de contenance, de partie, d'instrument, de moyen, d'accompagnement, d'éloignement, etc. (Voir l'exercice en fin de fiche.)

Autres compléments

Outre les compléments du verbe, il existe des compléments du **nom**, de l'**adjectif**, du **pronom** et de l'**adverbe**.

Le **nom** peut avoir besoin d'être complété : « Le **toit** de la *maison* », « Le **chant** du *rossignol* », « La **haie** *qui borde la route* ». Dans ce dernier exemple, le complément du nom est une proposition entière : « qui borde la route ».

Il en va de même pour l'**adjectif** : « Il est **insensible** au *froid* », « Votre mère est **heureuse** *que vous ayez réussi.* »

Quelques **pronoms** admettent un complément : « Les performances sont bonnes, **celles** de *Ludivine* sont les meilleures. »

Également, quelques **adverbes**, surtout des adverbes de quantité : « **Beaucoup** de *films* seront récompensés. »

La fonction attribut

L'attribut indique la qualité **attribuée** au sujet ou au complément d'objet direct.

Qui dit « sujet » ou « COD » implique nécessairement la présence d'un **verbe**, qui relie la qualité au sujet ou au complément.

Ce verbe est en priorité le verbe **être** (« *Je suis heureux* »), mais ce peut être un verbe d'état dont le sens se rapproche du verbe être, comme : sembler, paraître, devenir. (« *Il devient riche.* »)

« Je crois ce **candidat** *sérieux*, je **le** juge *travailleur*, le suffrage **le** déclarera *président.* »

Les qualités (sérieux, travailleur, président) sont attribuées aux trois compléments d'objet direct :

Candidat > COD de « je crois ».
le > pronom personnel, COD de « je juge ».
le > pronom personnel, COD de « le suffrage déclarera ».

Notons que le rôle d'attribut n'est pas uniquement dévolu à l'adjectif qualificatif. Il peut être tenu par un **nom** (dans l'exemple précédent, le mot « président ») par un **pronom** (« ce portable est **le mien** »), par un infinitif (« Souffler n'est pas **jouer** ») ou même par toute une proposition (« Mon conseil est **qu'il faut déguerpir** »).

Les fonctions épithète, apposition, apostrophe

Ces trois fonctions sont très proches car les mots sont accolés directement au nom qu'ils qualifient.

- **L'épithète** est un adjectif qualificatif (ou un participe adjectif) qui qualifie immédiatement un nom **sans l'intermédiaire d'un verbe** :
  « Un *bon* pianiste fait ses gammes tous les jours. » Bon > **épithète** de pianiste.
- **L'apposition** est un mot (ou un groupe de mots) placé à côté du nom et désignant d'une autre manière **la même personne** ou **la même chose** que le nom :

« Hugo, le poète, naquit à Besançon. »

« Rome, capitale de l'Italie, attire pèlerins et touristes. »

Le mot *poète* désigne la même personne que le nom Hugo. Il est placé, **apposé** à côté de lui, pour ajouter une explication nécessaire. Poète > apposition à Hugo.

De même l'expression *capitale de l'Italie* pour le nom Rome. Capitale de l'Italie > apposition à Rome.

Astuce

Pour reconnaître un mot en apposition, ajoutez-lui l'expression « qui s'appelle ». Le poète (qui s'appelle) Hugo…

Une **proposition entière** peut remplir le rôle d'apposition :

« Le fait qu'on reconnaisse ses torts prouve modestement qu'on n'est pas un imbécile. »

La proposition « qu'on reconnaisse ses torts » est **apposition** à « le fait ».

– **L'apostrophe** est un mot qui interpelle la personne ou la chose personnifiée à qui l'on s'adresse.

C'est une figure de style oral par laquelle on s'adresse brusquement, voire brutalement, aux présents, aux absents, aux êtres animés ou inanimés :

« Jusques à quand, **menteur**, vas-tu nous raconter tes exploits imaginaires ! »

« Ô **flots**, que vous savez de lugubres histoires ! » (V. Hugo)

Temps 2

JE M'EXERCE…

La fonction sujet

À vous !

1. *Trouvez le **sujet** des verbes en gras, en posant mentalement la question : qui est-ce qui ? ou qu'est-ce qui ?*

Exemple : l'État > sujet de doit aider.

L'État **doit** aider les SDF/Mentir **est** courant en politique/Six forts chevaux **tiraient** un coche (La Fontaine)/Au bout de l'allée **s'élevait** un manoir/Sur le plancher **gisait** un cadavre/De qui **parles**-tu ?/Les documents que **réclamait** le chef de bureau lui **ont été** remis.

2. *Soulignez d'un trait les sujets réels et de deux traits les sujets apparents des verbes ou des expressions en* gras.

Il **importe** que la TVA soit perçue sur ces produits/Il **passe** trois motards sur la route/Il **est certain** que les dinosaures ont existé/Mourir pour une cause **suffit**-il à la justifier ?/ J'ai vu les kangourous **sauter**/Il **suffit** qu'à la fin j'attrape le gros lot.

La fonction complément circonstanciel du verbe

À vous !

Dans les phrases suivantes, soulignez les compléments circonstanciels, et précisez entre parenthèses la circonstance.

Exemple : Cet ouvrage coûte <u>vingt-cinq euros</u>. (complément de prix)

Il est né de parents musiciens.
Vincent a reçu un stylo de sa tante.
L'immeuble s'élèvera à trente-cinq mètres.
Ce sac pèse cent kilos.
Ce bidon contient dix litres.
Tiens le lapin par les oreilles.
Le forgeron frappe avec un marteau.
Ce soir nous sortons avec nos amis.
Le matelot détacha un canot de l'appontement.

Attention !

Il ne faut pas confondre les compléments circonstanciels de poids, de mesure, etc., avec le complément d'objet direct.

Comparez : « le boucher pèse la viande » et « le paquet pèse trois cent cinquante grammes » > **viande** est COD (Le boucher pèse quoi ?) alors que **trois cent cinquante grammes** marque une circonstance relative à l'état du paquet.

Différence également entre : « Ce bidon contient dix litres » (état de contenance du bidon) et « Ce bidon contient dix litres **d'essence** » (contenu, produit qui existe réellement dans le bidon et répond à la question : contient quoi ?, donc COD).

Les fonctions épithète, apostrophe et apposition

À vous !

Indiquez la fonction des mots et des expressions en italique.

Exemples :

Ulysse, *ce voyageur intrépide*, parcourut d'île en île la Méditerranée. (Apposition).
Ulysse, *voyageur intrépide*, conduis nos astronautes dans leur nouvelle Odyssée !
(Apostrophe).

« Prends un siège, *Cinna*. » (Corneille)
Cette délivrance, *mourir*, leur était refusée.
Soldat Dupont, approche et explique-toi !
L'abeille, *ouvrière diligente*, fabrique le *bon* miel.
« Mais *tout* dort, et l'armée et les vents et Neptune. » (Racine)
Amis, c'est à vous que je m'adresse !
Christophe Colomb, *ce hardi marin*, découvrit l'Amérique.
Christophe Colomb, *hardi marin*, guide-nous vers des terres nouvelles !
La *grosse* fourrure de l'ours *blanc* est pour lui un *excellent* manteau.
Retenu ailleurs, le PDG n'a pu venir à la réunion.
Sire, dit le *renard*, vous êtes *trop bon roi*. » (La Fontaine)

 *Temps 3*

JE VÉRIFIE ET JE M'AUTO-ÉVALUE

Pensez à marquer votre score : 1 point pour chaque bonne réponse
et 0 pour chaque erreur.

La fonction sujet

Le sujet des verbes en italique

État > sujet de « doit »

Mentir (infinitif) > sujet de « est »

Chevaux > sujet de « tiraient »

Manoir > sujet de « s'élevait »

Cadavre > sujet de « gisait »

Tu > sujet de « parles »

Documents > sujet de « ont été remis »

Chef > sujet de « réclamait »   **8 points**

Sujet réel/sujet apparent

Que la TVA soit perçue > sujet réel de « importe »/**il** > sujet apparent.

Trois motards > sujet réel de « passe »/**il** > sujet apparent. Notons que c'est le sujet apparent, singulier, qui gouverne l'orthographe de « passe ».

L'ensemble de la proposition : « **que les dinosaures ont existé** » > sujet réel du verbe « est certain »/**il** > sujet apparent.

« **Mourir pour une cause** » > sujet réel de « suffit »/Dans « suffit-il » **il**, n'est pas un sujet apparent. Ce pronom « *il* » est *explétif,* sa présence donne à la phrase une tournure interrogative.

Kangourous > sujet de « sauter ».

L'ensemble de la proposition : « **qu'à la fin j'attrape le gros lot** » > sujet réel de « il suffit », où le pronom **il** est sujet apparent.   **10 points**

La fonction complément circonstanciel du verbe

Dans les phrases suivantes, on a souligné les compléments circonstanciels, et précisé entre parenthèses la circonstance.

Il est né <u>de parents musiciens</u>. (Origine)

Vincent a reçu un stylo <u>de sa tante</u>. (Provenance)

L'immeuble s'élèvera <u>à trente-cinq mètres</u>. (Mesure)

Ce sac pèse <u>cent kilos</u>. (Poids)

Ce bidon contient <u>dix litres</u>. (Contenance)

Tiens le lapin <u>par les oreilles</u>. (Partie)

Le forgeron frappe <u>avec un marteau</u>. (Instrument)

Ce soir nous sortons <u>avec nos amis</u>. (Accompagnement)

Le matelot détacha un canot <u>de l'appontement</u>. (Éloignement)   **9 points**

Les fonctions épithète, apostrophe et apposition

« Cinna » > nom propre en **apostrophe**, sujet du verbe à l'impératif « prends ».

« mourir » > verbe à l'infinitif, **apposition** à « délivrance ».

« Soldat » > **apposition** au nom propre « Dupont ».

L'ensemble « Soldat Dupont » > **apostrophe**, sujet des impératifs « approche » et « explique-toi ».

L'expression « ouvrière diligente » > **apposition** au nom « abeille »/L'adjectif « bon » > **épithète** de « miel ».

L'adverbe substantivé « tout » > sujet de dort, et les noms « armée, vents, Neptune » > **apposition** à l'adverbe « tout ».

« Amis » > **apostrophe**.

L'expression « hardi marin » > **apposition** à Christophe Colomb.

« hardi marin » > **apostrophe**, une sorte d'invocation à Christophe Colomb.

« grosse » > **épithète** de fourrure/« blanc » > **épithète** de ours/« excellent » > **épithète** de manteau.

« Retenu ailleurs » > **apposition** à PDG, qu'on peut considérer comme une épithète de PDG.

« Sire » > **apostrophe** au « lion », sous-entendu, à qui s'adresse le renard/« renard » > sujet de dit/« trop bon roi » > expression **attribut** de « vous », dont elle est séparée par le verbe être (« êtes »). **20 points**

Total : 47 points

Le nom

Temps 1

JE RAFRAÎCHIS MES CONNAISSANCES

Définition du nom

Le **nom** est un mot qui désigne un être, un objet, un état, une action, une caractéristique… du plus concret au plus abstrait.

Nom commun/nom propre

Le nom **commun** s'applique **à l'ensemble** de la catégorie désignée ainsi : père – mère – chien – bonté – sentiment – vertu.

Le nom **propre** ne s'applique en principe qu'à **une unité**, il individualise l'être qu'il désigne : Maurice – Berlin – Napoléon.

Maurice est le prénom propre à mon père. Ce prénom propre le distingue de tous les autres pères. (Du moins pour moi, car je sais bien qu'il existe *d'autres Maurice* qui sont également pères.)

Le nom propre est habituellement au singulier : *mon* « Maurice » est unique.

Dans les noms propres, on trouve des prénoms, des noms de famille, des noms de peuples, des noms de pays, de villes, de lieux géographiques, mais également des noms de périodes historiques, comme la « Révolution ».

Nom **concret**/nom **abstrait**

Le nom **concret** désigne un être réel, ayant une existence propre : une pierre, un ange (l'ange a au moins une existence propre dans mon esprit).

Le nom **abstrait** désigne une qualité, une propriété que mon esprit sépare de l'objet auquel elle est unie : la blancheur.

Nom **collectif**

Le nom **collectif** désigne un ensemble : une cohue, une foule, un troupeau.

Bien que désignant de nombreuses personnes, le nom collectif est au singulier : il ne les individualise pas.

Détermination du nom

La plupart des noms sont **déterminés**, c'est-à-dire accompagnés d'un présentateur, d'un autre mot qui les désigne sous tel ou tel aspect. Ce mot est appelé **déterminant**.

Le déterminant peut être :

- Un **article** défini, indéfini, partitif, contracté : *la* lune, *un* bateau, *des* pommes, la beauté *du* monde.
- Un **adjectif démonstratif** : *ce* tableau, *cette* maison.
- Un **adjectif possessif** : *mon* chien.
- Un **adjectif indéfini** : *chaque* citoyen doit payer ses impôts.
- Un **adjectif interrogatif** ou **exclamatif** : *quel* train part à huit heures ? *Quel* ami ! si prévenant, si dévoué !
- Un **adjectif numéral** : *trois* hommes dans un bateau.

Mais…

Un nom peut demeurer **indéterminé**.

C'est le cas dans un certain nombre de locutions consacrées par l'usage, en particulier dans les **apostrophes** (quand on s'adresse brusquement à des êtres animés ou inanimés : « *France* ! Mon cher et vieux pays ! »), dans des **appositions** (quand on place un nom à côté d'un autre pour lui servir d'épithète : le tigre, *terreur* de la forêt tropicale…) ou dans des locutions qui ressemblent à des **proverbes** (*Pierre* qui roule n'amasse point *mousse*).

Le nom peut également être indéterminé dans une **énumération**, ainsi que dans certaines **expressions figées** par l'usage (demander *pardon*, crier *grâce*, faire *grâce*, rendre *grâce*, *force* doit rester à la loi, etc.).

Temps 2

JE M'ENTRAÎNE…

Voici quelques noms propres...

Hercule, Gavroche, les Résistants, Cognac, Porto, Jean de La Fontaine, Bossuet, les Alpes, les Académiciens, la Seine, un Calder, le Louvre, les Français, la Butte Montmartre, les Galeries Lafayette, les Anciens Combattants, la Vierge aux Rochers, l'Arc de triomphe, Lyon, Emma Bovary, la Joconde, la Renaissance, le Bon Marché, Jean-Louis Dupont, Paul Durand, l'Espagne, le Concorde, Trafalgar Square, les Anglais, l'Opéra, les *Mémoires* de Saint-Simon, les *Pensées* de Pascal.

Classez ces noms propres selon la catégorie à laquelle ils appartiennent :

Nom de famille, personnage mythologique ou littéraire, tableau, prénom de personne, groupe, peuple, pays, ville, grand magasin, monument, lieu géographique, rue ou place, période historique ou littéraire, titre de livre.

Nom commun ou nom propre ? Minuscule ou majuscule ?

À vous de choisir...

« Le …hêne et le …oseau. » (La Fontaine)

« Servez-moi un bon …ognac ! »

« Le déménageur, taillé en …ercule, soulève le piano. »

« La starlette porte un manteau d'…strakan. »

« À …orto, nous avons vu des azulejos magnifiques. »

« Le demi-dieu latin …ercule est identifié au demi-dieu grec …éracles, fils de …upiter. »

« Les …émoires d'…utre-…ombe. »

Besoin d'un déterminant ? Pas besoin ?...

Les noms en gras sont-ils déterminés ou non ?

Si oui, réfléchissez à ce qui marque leur genre et leur nombre.

France, pays des **Arts** et de la **Liberté** !/J'ai visité le **France**, avant qu'il ne soit désarmé/ Cette **année**, la **Saint-Joseph** tombe un **samedi**/Ce **restaurant** vaut le **détour**/Sur ce **tableau**, Napoléon porte une coiffure à la **Titus**/« **Hommes**, **femmes**, **vieillards**, **tout** était descendu » (La Fontaine)/Plus fait **douceur** que **violence**/**Soldats**, je suis content de vous !/« **Peaux** de lapin à vendre, cinq **euros** ! »/« **Nuit** et **jour**, je marcherai… »/**Ville** d'art, **Paris** est la première après **Rome** pour la **beauté** de ses **monuments**.

 *Temps 3*

AI-JE BIEN RÉPONDU ?

Pensez à bien noter votre score.

Classement des noms propres

Nom de famille : La Fontaine, Bossuet, Bovary, Dupont, Durand, Saint-Simon, Pascal.

Nom de personnage mythologique : Hercule.

Nom de personnage littéraire : Gavroche (V. Hugo), Emma Bovary (G. Flaubert).

Prénom de personne : Jean, Emma, Jean-Louis, Paul.

Nom de groupe : les Résistants, les Académiciens, les Anciens Combattants.

Nom de peuple : les Français, les Anglais.

Nom de pays : l'Espagne.

Nom de grand magasin : les Galeries Lafayette, le Bon Marché.

Nom de monument : le Louvre, l'Arc de triomphe, l'Opéra.

Nom de lieu géographique ou de ville : les Alpes, la Seine, Lyon.

Nom de tableau, d'œuvre d'art ou de technique : La Vierge aux Rochers, la Joconde, un Calder, le Concorde.

Nom de rue ou de place : La Butte Montmartre, Trafalgar Square.

Titre de livre : les *Mémoires* de Saint-Simon, les *Pensées* de Pascal. **36 points**

Nom commun ou nom propre ? Minuscule ou majuscule ?

« *Le Chêne et le Roseau* » : La Fontaine *personnifie* jusqu'aux végétaux qu'il fait parler dans ses fables.

« Servez-moi un bon cognac » : ici on a oublié la région d'origine de cet excellent produit du terroir, *le nom propre est devenu nom commun* !

« Le déménageur taillé en hercule… » : même oubli du demi-dieu, pour cet « hercule de foire » !

« La starlette porte de l'astrakan » : qui se souvient de cette île de la mer Caspienne où l'on trafiquait les fourrures ?

« À Porto (la ville), nous avons vu des azulejos magnifiques. »

« Le demi-dieu latin Hercule est identifié au demi-dieu grec Héraclès, fils de Jupiter » : tous ces héros mythologiques *sont des noms propres*, même si ces personnages sont des créations de l'imaginaire collectif des Anciens.

« *Les Mémoires d'outre-tombe* » : Chateaubriand a écrit ses *Mémoires*, mais « outre-tombe » conserve le trait d'union et ne prend pas de majuscule.   **8 points**

La fonction de détermination

France, nom propre de pays est ici en apostrophe, il n'est précédé d'aucun déterminant. **Arts** est déterminé par l'article indéfini *des*, **Liberté**, par l'article indéfini *de la*.

France, nom propre d'un navire, est déterminé par l'article défini *le*, qui marque son genre masculin.

Cette **année**, la **Saint-Joseph** tombe un **samedi**. Le nom « année » est déterminé au féminin par le pronom démonstratif *cette*.

Le nom « Saint-Joseph » est déterminé par l'article défini *la*. (Il s'agit de la « fête » de saint Joseph).

Le nom « samedi » est déterminé par l'article indéfini *un*.

Restaurant, **détour** sont déterminés par les mots qui les précèdent : *ce*, adjectif démonstratif, *le* article défini.

Tableau est déterminé par l'adjectif démonstratif *ce*. **Titus** est un nom propre masculin. Pourquoi est-il précédé par l'article *la* ? Parce qu'un mot est sous-entendu, « à la manière » de Titus.

Hommes, femmes, vieillards : les noms sont *indéterminés*. Pourquoi ? Ils sont inclus dans une locution, une manière de parler fixée par l'usage : il s'agit d'une *énumération*. Ces noms sont au pluriel parce que le sens le demande, mais le pronom indéfini **tout** est un collectif, donc au singulier, et il commande le singulier de « était descendu ».

Douceur, violence, mots abstraits au singulier dans une locution qui ressemble à un *proverbe* : les noms restent indéterminés.

Soldats, *apostrophe* qui s'adresse à un groupe dont tous les membres doivent se sentir concernés : d'où le pluriel commandé par le sens. Mais dans cette locution, le nom « Soldats » n'est pas précédé d'un déterminant.

C'est un vendeur des rues qui brade ses « **Peaux** de **lapin** » dans un roman d'autrefois. La locution exclamative explique l'absence de détermination. Le sens commande le pluriel pour le premier terme mais non pour le deuxième, qui désigne l'espèce.

« **Euros** » : pluriel commandé par l'adjectif numéral *cinq*, qui détermine le nom « euros ».

Nuit et **jour** : locution courante, au singulier, locution « figée » qui explique l'indétermination des deux noms.

Apposition au nom propre **Paris**, l'expression « **Ville d'art** » est *indéterminée*. Le nom « **beauté** » est *déterminé* au féminin par l'article défini *la*. Le nom « **monuments** » est *déterminé* au pluriel par l'adjectif possessif *ses*. **26 points**

Total : 70 points

Les noms dans une phrase, un texte

Temps 1

Les bons accords

Le genre

Nous sommes habitués à la distinction des êtres vivants par sexe (le masculin et le féminin), mais pourquoi « une table » et « un tabouret » ? Le **genre** s'applique en grammaire à presque tous les noms, qu'ils désignent des êtres animés ou des êtres inanimés. Cette distinction est totalement arbitraire, elle découle des usages validés par le temps.

Attention !

> N'obéissant pas à des règles précises, le **genre** d'un nom ne peut être deviné. Il faut donc un indicateur qui permette de l'identifier. **L'article est l'indicateur du genre**, celui qui détermine si le nom est masculin ou féminin.

Nous avons vu le rôle du « présentateur » et nous savons que la **détermination du nom** n'incombe pas seulement à l'article mais à certains adjectifs :
- démonstratif : *cette* maison ;
- possessif : *ma* maison, etc.

Les adjectifs « cette » et « ma », en plus de leur fonction démonstrative ou possessive, indiquent le genre et le nombre du **nom** qui les suit.

Nous savons aussi que les noms propres se passent de déterminant : Françoise, Robert. Mais…

Le *Petit Robert*, c'est le dictionnaire, comme **le** *Larousse*… Vous les connaissez bien, puisque, n'est-ce pas, vous travaillez avec eux…

Le nombre

L'article va également nous préciser si le nom désigne un seul objet ou plusieurs.

Un nom est au **singulier** quand il désigne une seule personne, un seul animal, une seule chose. Il est au **pluriel** quand il en désigne plusieurs.

La marque du pluriel apparaît déjà sur le nom : c'est le **s** ou le **x** qui le termine (et parfois une terminaison particulière, par exemple le **aux** dans les noms en **al**, comme « cheval » qui fait « chevaux »).

Mais l'article **accentue** cette marque : « **Les** chevaux du roi. »

L'article est donc aussi un déterminant du **nombre**.

Certains adjectifs sont également déterminants du **nombre** : **trois** hommes, le **deuxième** étage.

Trois, deuxième sont des adjectifs « numéraux », ils apportent des précisions chiffrées à l'énoncé du nom.

La plupart des noms sont ainsi **déterminés**. Rares sont les noms « indéterminés ».

Variations du nom en genre

Masculin ou féminin ?

Les noms d'**hommes** et d'animaux **mâles** sont du **masculin**.

Les noms de **femmes** ou d'animaux **femelles** sont du **féminin**.

Sans précision de sexe, c'est **l'usage** qui décide : **un** moineau, **une** souris. (Et cependant le moineau peut être une femelle et la souris un mâle…)

Une terminaison spéciale du nom peut aussi faire reconnaître le féminin (*cf.* ci-dessous).

Règle orthographique concernant le genre :
En général pour former le féminin d'un nom masculin, on lui ajoute un **e muet**.
Exemple : cousin/cousine.

Attention !

La présence d'un *e* muet à la fin ne désigne pas nécessairement le genre féminin d'un nom.

Exemples : *le* Rhône, *un* apophtegme.

Qu'est-ce qu'un « apophtegme » ? Allez vite voir le *Petit Robert* ou le *Larousse*.

Cas particuliers (ils sont nombreux)

Féminins en -**esse** :

Tigre, tigresse
Abbé, abbesse

Masculins qui redoublent le **n** ou le **t** :

Chien, chienne
Chat, chatte

Masculins qui changent **f** ou **p** en **v** :

Loup, louve
Veuf, veuve

Masculins qui changent **x** en **se** :

Époux, épouse

Masculins qui changent -**eur** en -**euse** :

Vendeur, vendeuse

Masculins qui changent **-teur** en **-trice** :

Inspecteur, inspectrice

Certains noms utilisent un mot différent au féminin : *frère* devient *sœur*, *monsieur* devient *madame*, *oncle* devient *tante*.

C'est parmi les noms d'animaux qu'on trouve les exemples les plus nombreux : *canard*, **canne**/*bouc*, **chèvre**/*cheval*, **jument**, etc.

Certains mots ne changent pas au féminin : *une* agent de la RATP, *ma* propriétaire… On ajoute parfois le mot « femme » devant le nom, pour le préciser : une femme médecin, une femme auteur.

Mais l'usage tend à revenir à la règle générale, si l'on peut ajouter un e muet au masculin. Ainsi marque-t-on la féminité dans certaines professions : une « écrivaine », au lieu d'une femme écrivain, une auteure, etc.

Il faut noter enfin que certains noms **changent de sens** quand on les utilise au féminin : *un* mémoire est un texte, *la* mémoire c'est tout autre chose, j'occupe *un* poste dans un bureau, mais à midi, j'irai à *la* poste, le jardinier fait *une* greffe sur un arbre fruitier, mon ami travaille *au* greffe du tribunal…

Un nom est parfois masculin au singulier et féminin au pluriel : *un* orgue d'église, les *grandes* orgues de la cathédrale. (L'adjectif « grandes » marque ici le féminin.)

 *Temps 2*

DE LA PRATIQUE !

À vous !

1. Mettez au féminin les noms suivants :

Exemples : tigre > tigresse/époux > épouse

Chat/locataire/individu/abbé/diable/dieu/duc/chien/breton/veuf/loup/vendeur/ chanteur/chanteur (deuxième féminin)/défendeur/inspecteur/âne/comte/druide/ enchanteur/ambassadeur/empereur/monsieur/oncle/gendre/mari/homme/frère/ garçon/parrain/bouc/bœuf/canard/cerf/cheval/coq/dindon/jars/lièvre/mouton/ porc/sanglier/singe/singe (deuxième féminin)/veau/écureuil/souris/jouvenceau/ compagnon.

2. **Certains noms ont deux genres de sens différent :** *vous connaissez le sens du premier, donnez le sens du second.*

Premier exemple :

Un couple : *ensemble de deux êtres, mâle et femelle.*

Une couple : *deux choses de même espèce :* **une** *couple d'œufs,* **une** *couple de chiens de chasse. (Mais : un couple de pigeons… parce qu'ils s'aiment d'amour tendre !)*

Deuxième exemple :

Un aigle : *l'oiseau.*

Une aigle : *une enseigne militaire, un drapeau (« les aigles romaines »).*

Un conseil

Plutôt que de donner des définitions, employez chacun des mots dans une ou deux phrases, où l'on trouvera le sens qu'il a au masculin et le sens qu'il a au féminin.

Critique/garde/greffe/manche/manœuvre/mémoire/moule/mousse/œuvre/page/pendule/solde/tour/trompette/vase/voile.

 *Temps 3*

VERS L'AUTO-ÉVALUATION

Pensez à noter vos points !

Mettre au féminin

Chat > chatte/locataire > pas de féminin/individu > pas de féminin/abbesse/diablesse/déesse/duchesse/chienne/bretonne/veuve/louve/vendeuse/chanteuse/*cantatrice* (deuxième féminin)/défenderesse/inspectrice/ânesse/comtesse/druidesse/enchanteresse/ambassadrice/ impératrice/madame/tante/bru/femme/sœur/fille/marraine/chèvre/génisse/cane/ biche/jument/poule/dinde/oie/hase/brebis/truie/laie/guenon/*singesse* (deuxièmeféminin)/génisse/écureuil femelle/souris femelle/jouvencelle/compagne **49 points**

Des genres de sens différent

Plutôt que des définitions, des phrases…

Un célèbre **critique** littéraire de la rive gauche a publié **une** violente **critique** de cet ouvrage…

Le garde du Louvre, monte **une garde** assidue devant la Joconde.

Le greffe du tribunal m'a retourné les documents que j'attendais. Mon amie a subi avec succès **une greffe** du foie.

Il ne faut pas jeter **le manche** après la cognée. Retrousse **ta manche**, que je puisse planter mon aiguille !

André, **manœuvre** sur le port de Dunkerque, guide du sol **la manœuvre** du grutier.

Tu as **la mémoire** courte, souviens-toi, c'est l'an dernier que tu as remis **ton mémoire** au professeur de droit.

Après toi, **le moule** a été cassé, on ne fera pas d'autres spécimens que toi ! **La moule** est un mollusque lamellibranche comestible.

Le mousse grimpe en haut du mât. **La mousse** déborde de ma chope 75 cl.

Maître Albert essaya cent fois **le grand œuvre**, il ne réussit pas à trouver la pierre philosophale. C'était **une œuvre** de longue haleine : aujourd'hui, avec moins d'efforts certains font de l'or en barre, avec des cacahuètes !

Chérubin est **le page** charmant des *Noces de Figaro*. **La** dernière **page** de ce cours tournée, peut-être vous sentirez-vous plus savant… peut-être…

Dans une œuvre d'Edgar Poe, **un pendule** inexorable joue le sinistre rôle d'exécuteur. Eh bien, je remettrai **la pendule** à l'heure ! affirme le candidat.

Voici trois cents euros pour **solde** de tout compte ! Il est à **la solde** de son patron.

L'ombre de **la** haute **tour** fait en quelques heures **le tour** de la campagne environnante.

« Arthur était **trompette** dans le régiment des marquis d'opérette. » L'organiste de la basilique fait résonner les voûtes, du grand jeu de **la trompette**.

Le fameux **vase** de Soissons… on n'a pas fini de s'en souvenir ! **La vase** a tout envahi, les rues ne sont plus reconnaissables.

Demain nous naviguerons à la **voile** ! lança le capitaine. **Un voile** de brume couvrait l'île mystérieuse.

34 points

Total : 83 points

Les noms : du singulier au pluriel

Temps 1

JE RAFRAÎCHIS MES CONNAISSANCES

« Le porte-plume redevient oiseau. »
Jacques Prévert (« Page d'écriture » dans *Paroles*)

Porte-plume ou porte-plumes, singulier ou pluriel ?
Jacques Prévert a choisi le singulier, parce que l'écolier penché sur sa page d'écriture s'abîme les doigts avec une plume sergent-major…

Variation du nom en nombre

Un nom est au **singulier** quand il désigne une seule personne, un seul animal ou une seule chose.

Un nom est au **pluriel** quand il désigne plusieurs personnes, plusieurs animaux ou plusieurs choses considérés individuellement.

En règle générale, les noms forment leur pluriel en ajoutant un **s** au singulier.

Rappelons seulement que :

Les **mots invariables** employés comme noms ne prennent pas la marque du pluriel :

« Avec des **SI** on mettrait Paris en bouteille. »

« Dans cette affaire je ne me soucie ni des **pourquoi** ni des **comment** ! »

Les noms **terminés par s, x ou z** ne changent pas au pluriel :

Une croix, des croix/Un puits, des puits/Un nez, des nez.

Les noms en **au** et **eu** prennent un **x** au pluriel :

Un noyau, des noyaux/Un cheveu, des cheveux.

Sept noms en **ou** prennent un **x** et non un **s** au pluriel. Allons-y quand même pour la comptine, elle vous a un parfum de craie et de tableau noir : « bijou, caillou, chou, genou, hibou, joujou et pou ».

Un caillou, des cailloux.

Et c'est l'Académie française elle-même qui vient perturber la douce musique… en rajoutant un vilain mot : **ripou**, qui fait ripoux au pluriel (comme dans le film, naturellement !).

Tous les autres noms en **ou** suivent la règle générale et donc prennent un **s** au pluriel :

Un clou, des **clous**.

À propos, par quel mot pourriez-vous remplacer « clous », dans l'expression « des clous ! » ?

Sept noms en ail font leur pluriel en aux et non pas en ails : « bail, corail, émail, soupirail, travail, vantail, vitrail. »

« J'admire les vitraux de la basilique. »

La plupart des noms en **al** font leur pluriel en **aux** : « un cheval > des chevaux ».

Seuls sept noms en al suivent la règle générale et prennent un **s** au pluriel : « bal, cal, carnaval, chacal, festival, pal, régal. »

« Cal » désigne une callosité, un durillon : « La paume du forgeron portait les cals et les cicatrices de sa vie laborieuse. »

Le « pal » est un pieu aiguisé à son bout : « On montre encore en Transylvanie les pals et les échafauds dressés par le seigneur Dracula » (Bram Stoker).

« Les carnavals de Venise sont une débauche de luxe et de couleurs. »

Certains mots latins ou d'origine étrangère peuvent conserver le pluriel de leur langue d'origine :

Un maximum, des maximums ou des maxima (neutre pluriel latin).

Un gentleman, des gentlemen.

Certains pluriels demandent une étude particulière : le pluriel des noms composés et le pluriel des noms propres.

Pluriel des noms composés

Si le nom est composé d'éléments soudés, il suit la règle générale : « des porte-feuilles ».

S'il est formé de deux noms, chacun des noms prend la marque du pluriel : « des oiseaux-mouches ».

Mais si les deux noms sont réunis par une préposition seul le premier prend la marque du pluriel, car le second est son complément : « des chefs-d'œuvre ».

Relevons pour les sous-fifres, qu'un chef-d'œuvre est rarement l'œuvre d'un chef. (Un chef a autre chose à faire.) L'expression signifie « œuvre capitale ».

Si le nom composé est formé de deux adjectifs (un clair-obscur) ou d'un nom et d'un adjectif, en règle générale les deux mots prennent la marque du pluriel : des clairs-obscurs, des grands-pères.

On écrit cependant « des nouveau-nés », l'adjectif « nouveau » étant considéré ici comme un adverbe modifiant le mot « né » (nouvellement né).

Quand le nom composé est formé d'un verbe et d'un nom, **le verbe ne prend jamais d's** : un abat-jour, des abat-jour (des appareils qui abattent le jour)/un « monte-en-l'air », des « monte-en-l'air » (le « monte-en-l'air » désigne un cambrioleur qui grimpe comme l'homme araignée).

Les mots *déjà invariables* restent invariables à l'intérieur d'un mot composé : un contrordre, des contre-ordres/du laisser-aller, des laisser-aller… « regrettables », naturellement !

Quelques astuces

Dans les noms composés avec « grand », grand peut rester invariable devant un nom féminin :

Des grand'mères ou des grands-mères. En revanche, on écrit des grands-pères.

Mais alors ? Pourquoi Molière écrit-il « grand'père » : c'est que l'orthographe a varié avec le temps.

Dans les noms composés avec « garde », garde est invariable dans les noms composés *désignant des choses :* des garde-fous, des garde-manger, des navires garde-côtes.

Lorsque le nom composé *désigne une personne*, garde prend un **s** au pluriel : des gardes-chasse, des gardes-chiourme, des gardes-barrière ou barrières.

Les noms composés avec « porte » s'écrivent en deux mots : un porte-plume.

Exceptions : portemanteau, portefaix, portefeuille qui s'écrivent en un seul mot.

Pluriel des noms propres

Règle générale : les noms propres ne varient pas au pluriel.

« Les deux Corneille font l'orgueil de la ville de Rouen », « Les Racine, les Molière, les Bossuet ont illustré le XVIIe siècle ».

On voit bien ici qu'il s'agit des écrivains en personne.

Mais si l'on veut parler d'écrivains ou de héros qui pourraient leur ressembler, le pluriel doit être marqué : « Les Racines, les Molières sont rares de nos jours. »

De même, quand le nom propre désigne une dynastie, une famille illustre, une race :

Les Bourbons, les douze Césars, les Napoléons. (Cependant, on dira : les Durand et les Dupont, les Ben Brahim… qui ne sont pas encore entrés dans l'Histoire, et suivent la règle générale.)

L'ouvrage d'un artiste peut porter son nom : un Rembrandt. Si je suis assez riche pour en avoir deux, je pourrai m'enorgueillir de « mes deux Rembrandts ». Plus modestement je peux acquérir deux Voltaires de mon programme, et trois Pétillons pour mon divertissement. Mais personne ne m'en voudra si je ne mets pas de s à Voltaire ou Pétillon : la règle, ou plutôt la coutume reste floue en ce domaine.

 *Temps 2*

UN PETIT EXERCICE…

À vous !

Mettez au singulier.

Des noyaux/des écheveaux/des cheveux/des neveux/des vœux/des bijoux/des clous/des poux/des gouvernails/des soupiraux/des bestiaux/des aulx/des ails (deuxième pluriel scientifique)/des aïeuls (grands-pères)/des aïeux (ancêtres)/les cieux/des ciels de lit/des yeux/des œils (de perdrix)/des coraux/des hiboux/des pneus/des jeux/des peaux/des pots/des tuyaux/des canaux/des portails/des journaux/des crayons/des bleus/des baux/des minimums/des minima.

Des gardiens-chefs/des gallo-romains/des timbres-poste/des hôtels Dieu/des coq-à-l'âne (on passe **du** coq à l'âne)/des nouveau-nés (nouvellement nés)/des sourds-muets/des portefeuilles (en un seul mot)/des cerfs-volants/des grands-pères/des pèse-lettres/des garde-manger/des vice-présidents/des contre-ordres/des pince-sans-rire/des compte-gouttes/des gentilshommes/des bonshommes/des messeigneurs/des mères-grand/des terre-pleins/des radioconducteurs/des électro-aimants.

De folles amours/d'éternelles amours/Des Amours joufflus occupaient l'angle du tableau (exceptionnellement, Amours est ici au masculin **et** au pluriel, images peintes du dieu Cupidon)/Les grandes orgues étaient tenues par le célèbre Charles Widor/Ces livres font mes plus grandes délices.

 **Temps 3**

CORRIGEONS-NOUS...

Pensez à noter votre score !

J'ai mis au singulier, des noyaux...

Un noyau/un écheveau/un cheveu/un neveu/une nièce/un vœu/un bijou/un clou/ un pou/un gouvernail/un soupirail/du bétail/de l'ail/de l'ail (second pluriel)/un aïeul/un aïeul (second pluriel)/le ciel/un ciel (second pluriel)/un œil/un œil (second pluriel)/le corail/un hibou/un pneu/un jeu/une peau/un pot/un tuyau/un canal/un portail/un journal/un crayon/un bleu/un bail/un minimum/un minimum (second pluriel) **35 points**

Un gardien-chef/un gallo-romain/un timbre-poste/un hôtel-Dieu/un coq-à-l'âne/ un nouveau-né/un sourd-muet/un portefeuille/un cerf-volant/un grand-père/un pèse-lettre/un garde-manger/un vice-président/un contre-ordre (ou contrordre, selon la réforme de l'orthographe de 1990)/un pince-sans-rire/un compte-gouttes/ un gentilhomme/un bonhomme/un monseigneur/une mère-grand/un terre-plein/ un radioconducteur/un électro-aimant **23 points**

> **Attention !**
>
> « Amour, délice et orgue » sont du masculin au singulier, mais du féminin au pluriel.

Un amour fou/Un éternel amour/Un Amour joufflu occupait l'angle du tableau/Le grand orgue était tenu par le célèbre Charles Widor/Ce livre fait mon plus grand délice. *Torturant, non ?* **5 points**

Total : 63 points

Et si on revenait à Prévert, et à l'enfant sur sa page d'écriture :

> « Et les murs de la classe s'écroulent tranquillement.
> Et les vitres redeviennent sable…
> La craie redevient falaise,
> Le porte-plume redevient oiseau. »

Les adjectifs : vue d'ensemble

 *Temps 1*

SOUVENIRS SCOLAIRES...

Qu'est-ce qu'un adjectif ?

L'adjectif est un mot que l'on joint au **nom** (appelé parfois « substantif »),
pour le **qualifier** ou le **déterminer**.

D'où la grande distinction : les qualificatifs et les déterminatifs.

Les adjectifs déterminatifs vous font penser à « déterminants » à juste titre : ce sont des adjectifs, donc des « ajouts », qui apportent des précisions souvent indispensables pour une meilleure identification du nom. On distingue :

- les adjectifs démonstratifs ;
- les adjectifs possessifs ;
- les adjectifs relatifs ;
- les adjectifs interrogatifs ;
- les adjectifs numéraux ;
- les adjectifs indéfinis.

Vous les retrouverez à la fiche 8.

Les adjectifs qualificatifs

L'adjectif qualificatif exprime, une « **manière d'être** » du nom auquel il se rapporte. Ce nom, il le caractérise, il le **qualifie**.

Selon son aspect extérieur, l'adjectif se présente comme **simple** (en un seul mot) ou **composé** (en plusieurs mots reliés ou non par un trait d'union) :
- Simple : robuste, grand, joli, petit…
- Composé : un enfant *sourd-muet*/une laitière *court-vêtue*. (Perrette, dans la fable de La Fontaine.)

Cette distinction, forme simple/forme composée, peut apporter certaines complications quand on doit mettre ces adjectifs au féminin ou au pluriel. Plus généralement, c'est la question du **genre** et du **nombre** qui demande réflexion, lorsqu'on doit accorder l'adjectif au nom qu'il qualifie.

Les accords

L'adjectif s'accorde en genre et en nombre avec le nom ou le pronom auquel il se rapporte.

En général on forme le féminin des adjectifs en ajoutant un e muet au masculin. On forme le pluriel en ajoutant un s.

Astuce

Posez-vous, devant l'adjectif, la question : qui est-ce qui est ? ou qui est-ce qui « sont » ?

Exemple : « Des abeilles diligentes. »

Qui est-ce qui « sont » diligentes ? Les abeilles.

Abeilles est du féminin pluriel > diligentes, également au féminin pluriel.

Accords de genre, masculin/féminin

Quelques cas exceptionnels :

a) Les adjectifs qualificatifs à **forme double au masculin** – forme qu'il ne faut pas confondre avec le féminin.

C'est ainsi qu'on parlera d'un bel arbre, d'un bel homme, le mot bel étant le synonyme de **beau**. On emploie « bel » pour éviter la sonorité désagréable « beau arbre » ou « beau homme », c'est-à-dire quand cet adjectif se trouve devant une voyelle ou un h muet.

De la même façon, le masculin « nouveau » a, **également au masculin**, la forme « nouvel ». Exemple : **le** nouvel an.

L'adjectif « vieux » devient « vieil » dans les mêmes conditions : un vieil homme.

On trouve au masculin, « fou » et « fol », « mou » et « mol ».

b) Les adjectifs qualificatifs qui ne suivent aucune règle pour le passage au féminin.

Seul l'**usage**, la pratique de la lecture, permet de les identifier, de les écrire et de les prononcer correctement. On y trouve, par exemple :
   – **bénin** qui fait **bénigne** au féminin (avoir un naturel bénin, c'est être doux, indulgent jusqu'à la faiblesse. Une humeur bénigne).
   – **coi** fait **coite** au féminin (« coi » vient du latin *quietus*, tranquille. Se tenir coi = ne rien dire).
   – **favori** fait **favorite**, etc.

c) Il y a peu, les adjectifs en **-gu** prenaient sur l'e du féminin un **tréma**, indiquant que le u doit se prononcer : un clou aigu, une pointe aiguë/un texte ambigu (c'est-à-dire susceptible de plusieurs interprétations), une attitude ambiguë.

d) Beau, nouveau, jumeau, fol, mol, vieil font au féminin belle, nouvelle, jumelle, folle, molle, vieille.

Des cas particuliers… d'usage

Ces cas particuliers sont d'un usage tellement courant qu'ils ne créent pas de réelle difficulté orthographique. L'usage et la lecture permettent de les maîtriser. Vous les retrouverez au fil des exercices.

Accords de nombre, singulier/pluriel

> Comme le **nom** auquel il se rapporte, l'adjectif qualificatif
> peut être au singulier ou bien au pluriel.

C'est une disposition à ne pas oublier, car beaucoup de fautes d'orthographe viennent du non-respect de ces « accords ».

On forme le pluriel des adjectifs qualificatifs en ajoutant un s au singulier.

Aucune exception pour les **adjectifs au féminin** : un adjectif féminin au pluriel prend toujours un *s*.

Quelques cas particuliers

1. Les adjectifs déjà terminés par un s au singulier, ne changent pas au pluriel : un ciel gris, des murs gris. Si l'adjectif est terminé par un x au singulier il ne change pas non plus : un air mystérieux, des comportements mystérieux.
2. Les adjectifs en eau prennent un x au pluriel : de **beaux** jours, des romans **nouveaux**, des vins **tourangeaux.**
3. **Bleu/feu** (au sens de « défunt ») prennent un s au pluriel. *Les contes bleus du chat perché*, « Les feus rois de Bavière ».
   L'adjectif « hébreu » prend un x au pluriel : « des grimoires hébreux ».
4. Les adjectifs en al, pour la plupart, forment leur pluriel en aux : loyal > loyaux, brutal > brutaux, national > nationaux.
   Exceptions : Un petit nombre d'adjectifs en **al** forment leur pluriel en **als**. On peut citer : **banal, fatal, final, glacial, natal, naval, pascal, pluvial.**
   Ainsi on dira : « des propos banals », « des accidents fatals », « des combats navals ».

Temps 2

QUELQUES EXERCICES

À vous !

1. Mettez l'adjectif au féminin ou au masculin selon le cas, en imaginant une nouvelle expression.

Un garçon aimable. Une……………/Un appartement exigu. Une…………/Un rire démoniaque. Une………/L'immeuble contigu au nôtre. La…………/Une cérémonie rituelle. Un……………/Un clin d'œil muet. Une……………/Une repartie spirituelle. Un……………/Un rictus cruel. Une……………/Un propos on ne peut plus net. Une……………/Une aberration sexuelle. Un……………/Un dévouement mutuel. Une……………/Un exposé complet des faits. Une……………/Une voix fluette.

Un............/Un coup d'œil discret. Une............/Un jardin propret. Une............/Une chatte au ventre replet. Un ou une.........

2. *Mettez au pluriel ou au singulier selon le cas.*

Un vent froid. Des............./Un nuage gris. Des............./Un climat pluvieux. Des............./Un art nouveau. Des............./Un grimoire hébreu. Des............./Un bas-bleu. Des............./Des hymnes nationaux. Un............./Un accident fatal. Des............./Mon pays natal. Leurs............./Un combat naval. Des............./Un cantique pascal. Des............./Un uniforme kaki. Des............./Un graphique pluvial. Des............./Un homme génial. Des............./Un cours magistral. Des............./Un froid matinal. Des............./Un amour filial. Des............./Un accueil glacial. Des............./Un temple colossal. Des............./Un geste théâtral. Des............./Un touriste estival. Des............./Un festival estival. Des............./Un son nasal. Des............./Un accord musical tonal. Des............./Un quartier chic. Des............./Le feu roi de France. Les............./Un incident banal. Des............

3. *Mettez au féminin pluriel.*

Tu n'es qu'un menteur ! Il est déjà majeur/Les membres antérieurs du lapin. Les pattes............./Un rire joyeux. Des mines............./Un vieillard pâlot. Des fillettes............./Un charme fou. Des clameurs............./Un homme d'État falot. Des femmes ministres............./Un roman vieillot. Des poésies............./Un regard langoureux. Des poses............./Un renard roux. Des poulettes............./Un bon mot qui se voulait spirituel. Des reparties............./Un officier turc. Des galères............

Temps 3

VERS L'AUTO-ÉVALUATION

Pensez à noter vos points !

1. Une fille aimable. Une pièce exiguë. Une danse démoniaque. La maison contiguë à la nôtre. Un tatouage rituel. Une carte muette. Un bon mot spirituel. Une décision cruelle. Une réaction on ne peut plus nette. Un trouble sexuel. Une compréhension mutuelle. Une affabulation complète. Un jeune homme fluet. Une toux discrète. Une cuisine proprette. Une grenouille replète.

17 points

2. Des vents froids. Des nuages gris. Des climats pluvieux. Des arts nouveaux. Des grimoires hébreux. Des bas-bleus. Un hymne national. Des accidents fatals. Leurs pays natals.

9 points

Des combats navals. Des cantiques pascals. Des uniformes kaki. Des graphiques pluviaux. Des hommes géniaux. Des cours magistraux. Des froids matinaux. Des amours filiaux. Des temples colossaux. Des gestes théâtraux. Des touristes estivaux. Des festivals estivaux. Des sons nasaux. Des accords musicaux tonals.

Attention !

Ne pas confondre l'adjectif « nasaux » et le nom commun « naseaux », narines de certains animaux.

Les accords musicaux sont dans une « tonalité » majeure ou mineure. Le pluriel en **aux** ne paraît pas possible, afin d'éviter l'homonymie avec « tonneaux ».

Des quartiers chic (ou chics.) Les feus rois de France. Des incidents banals.

17 points

3. Vous n'êtes que des menteuses ! Elles sont déjà majeures. Les pattes antérieures du lapin. Des mines joyeuses. Des fillettes pâlottes. Des clameurs folles. Des femmes ministres falotes. Des poésies vieillottes. Des poses langoureuses. Des poulettes rousses. Des reparties qui se voulaient spirituelles. Des galères turques.

13 points

Total : 56 points

Les adjectifs qualificatifs : des emplois diversifiés

Temps 1

JE RAFRAÎCHIS MES CONNAISSANCES

Il est indispensable d'approfondir certaines règles qui régissent l'accord de l'adjectif avec les **noms** ou les **pronoms** auxquels il se rapporte.

Deux adjectifs au singulier qui se rapportent à un nom pluriel

Les Constitutions espagnole et française… (Il n'y a qu'une seule Constitution espagnole, une seule française).

Remarque : le plus souvent on laisse le nom au singulier, *mais on le répète* avec chaque adjectif : « la vie civile et la vie militaire ».

Plusieurs noms au singulier, mais un seul adjectif

Si les noms sont tous au masculin, l'adjectif se met au masculin pluriel.

Un frère et un cousin **charmants**.

Si les noms sont tous au féminin, l'adjectif se met au féminin pluriel.

Une rue et une impasse **mal famées**.

Si l'un des noms est d'un genre différent, le masculin l'emporte et l'adjectif se met au masculin pluriel.

Une tête et un buste **humains**.

Une solitude, une paix, un décor, un silence **impressionnants**.

Si les deux noms sont reliés par « **ou** », le sens commande l'accord.

« *Apportez-moi un café **ou** une bière **fraîche***. » L'adjectif « fraîche » se rapporte à un seul nom : « bière ».

Si l'adjectif se rapporte aux deux, alors on applique la règle habituelle.

« *Pour ce rôle, on demande un homme **ou** une femme **âgés***. » L'adjectif « âgés » se rapporte aux deux noms, « homme, femme ».

Des noms collectifs joints à des adjectifs

Avec un nom collectif, c'est le sens (mais aussi le « bon sens ») qui commande l'accord.

« *Un panier d'abricots **secs*** » (Les abricots sont secs, pas le panier).

« *Une volée de moineaux **piaillants*** », « *Une troupe d'enfants **bruyants*** ».

Des adjectifs employés comme adverbes ou prépositions

Adjectifs employés comme adverbes

Adverbes ou prépositions sont des mots **invariables**. Les adverbes modifient le sens d'un verbe, les prépositions assurent une liaison entre certains mots (exemple : par, chez, sur…).

Employés comme adverbes ou prépositions, les adjectifs demeurent **invariables**.

Au lieu de dire : « Tenez haut les mains ! », le policier crie : « Haut les mains ! »

L'adjectif *haut* devient un adverbe qui modifie le verbe sous-entendu « tenez ».

Les adjectifs suivants sont invariables :

« **Haut** les mains ! » (pourtant ce sont les mains qui doivent être mises en position haute), « Vos injures volent **bas** », « Les contraventions tombent **dru** », « Vos idées s'arrêtent **court** », « Une moustache coupée **ras** », « Il s'en met **plein** les poches », « Une maison qui vaut **cher** ».

C'est après les verbes *valoir* et *coûter* que le mot **cher** devient *adverbe* et *invariable*.

Autres adjectifs qui prennent une valeur adverbiale : *nu* et *demi*.

Astuces

> Les adjectifs **nu** et **demi**, *placés devant le nom*, restent invariables et s'y joignent par un trait d'union. **Demi** placé *après le nom* s'accorde avec lui en genre seulement. *Facile, non ? :*
>
> « Il va **nu-tête** », « Elle marche **nu-pieds** », « Une **demi-heure** ».
>
> « Il va **tête nue** », « Elle marche **pieds nus** », « Une heure **et demie** », « Quatre fautes **et demie**, c'est-à-dire quatre fautes et une **demi-faute** ».

Pour « une demi-faute », votre logiciel d'orthographe protestera peut-être en rouge, car on a tendance à l'heure actuelle à n'appliquer la règle de demi que pour l'expression « une demi-heure ».

Vous trouverez aussi « la nue-propriété ». Dans cette expression *juridique*, « nue » placé devant le nom, s'accorde avec « propriété ».

Adjectifs employés comme préposition

« **Attendu** la décision prise par la direction, on ne doit plus fumer dans les couloirs. »

« Apportez-moi l'ensemble du document, **excepté** les photographies. »

« Dactylographiez ce texte, **y compris** les feuilles en couleur. »

Les adjectifs « attendu », « excepté », « compris » ne s'accordent pas avec les noms auxquels ils se rapportent, c'est-à-dire : « décision », « photographies », « feuilles ». Ces adjectifs sont devenus des **prépositions**, qui se contentent d'assurer une liaison convenue une fois pour toutes entre les mots d'une façon aussi banale que *sur, par, après, avant,* etc.

Comme toutes les prépositions, ces adjectifs sont **invariables.**

Tels sont les adjectifs « approuvé », « attendu », « non compris », « y compris », « excepté », « sauf », « supposé », « vu ».

Les expressions **ci-inclus, ci-joint** sont habituellement invariables.

« Veuillez trouver ci-joint les documents sus-indiqués. »

Cependant, si, en cours de phrase, le nom est *déterminé* (par exemple par un possessif, mes, vos…), on peut accorder *joint* ou *inclus* :

« Vous trouverez ci-incluses dans le texte, **vos** propositions. »

« Vous trouverez ci-jointes, **mes** instructions. »

Les adjectifs désignant les couleurs *sont parfois invariables*

– si l'adjectif est en réalité un nom, comme « marron », « orange », « noisette ».

Des yeux noisette (des yeux couleur de noisette), des foulards cerise, des rubans orange, des cheveux poivre et sel, des roses crème.

Mais la tendance actuelle est plutôt de faire accorder des noms devenus adjectifs dans le langage courant : des tuniques jonquilles, des robes oranges, des porte-documents marrons.

De sorte que les deux orthographes sont admises.

– si l'adjectif de couleur est lui-même « qualifié » par un autre adjectif ou par un nom.

Des images rose bonbon (d'un rose de la couleur d'un bonbon).

Des cravates vert foncé (et non « vertes » foncées).

Une chemise bleu clair. Une reliure blanc ivoire. Des rêveries bleu ciel.

Dans ces exemples, une seule orthographe est admise.

Cas des adjectifs composés

– quand un adjectif composé est constitué de deux adjectifs qualifiant le même nom, les deux éléments s'accordent avec ce nom :

Des enfants sourds-muets, des fillettes sourdes-muettes.

– quand un adjectif composé est formé de deux adjectifs dont l'un a une valeur adverbiale qui modifie le sens de l'autre, cette partie adverbiale reste invariable.

L'avant-dernière page (*avant*, valeur d'adverbe, reste invariable).

Une fillette nouveau-née (nouvellement née), une brebis mort-née, des personnes haut placées (*haut*, valeur d'adverbe).

Remarque

Les meilleures règles comportant leurs exceptions, on écrit « des yeux grands ouverts », « une fenêtre grande ouverte », « des personnes toutes-puissantes » (alors que Racine écrit dans *Andromaque* : « vos charmes tout-puissants », ce qui implique que dans « tout-puissant », *tout* varie au féminin seulement).

Temps 2

UN PEU D'ENTRAÎNEMENT...

À vous !

Mettez au genre et au nombre qui conviennent l'adjectif entre parenthèses.

Un livre et un cahier (neuf). Un militaire d'une bravoure, d'une loyauté (parfait). Le chapeau et la canne (paternel). Un masque d'une couleur et d'une laideur (satanique). Une misère et un déclin (prévisible). « Une faim, une soif (inconnu) la ravagèrent », Julien Green. « Ta tombe et ton berceau sont (couvert) d'un nuage », Lamartine. Les écoles de peinture (espagnol) et (français). L'immeuble et le parking (voisin). Une amitié et une écoute (chaleureux).

Une sœur et un frère (distant). Votre Éminence est trop (bon). Son Éminence le cardinal Pasqualini sera (conduit) à l'aéroport. De gros bouquins (rouge et or). Des vins (rouge). Les chiennes de la meute sont (noir et blanc). Les atours de la princesse étaient (gorge-de-pigeon), et ses bas (couleur chair). Des rayons (ultraviolet). Des rayonnements (infrarouge). La ville a l'air (illuminé). Trois (demi) douzaines d'huîtres. Le rendez-vous est fixé à une heure et (demi), mais venez à midi et (demi) si vous le souhaitez ! À la (mi) janvier, l'air était déjà tiède. Il avait de l'eau jusqu'à (mi) jambes. À (mi) hauteur, entaillez l'arbuste. « J'ai ouï-dire à (feu) ma sœur… », Montesquieu. La (feu) reine d'Angleterre. Vous recevrez cette caisse (franc de port). Le punk du village portait une crête (rouge feu) sur une chevelure (vert pomme). Des flots (jaune paille) envahissaient la rue.

Temps 3

CORRIGEONS-NOUS ! AUTO-ÉVALUATION

Notez vos points !

Un livre et un cahier **neufs**. Un militaire d'une bravoure, d'une loyauté **parfaites**. Le chapeau et la canne **paternels**. Un masque d'une couleur et d'une laideur **sataniques**. Une misère et un déclin **prévisibles**. « Une faim, une soif **inconnues** la ravagèrent », Julien Green. « Ta tombe et ton berceau sont **couverts** d'un nuage », Lamartine. Les écoles de peinture **espagnole** et **française**. L'immeuble et le parking **voisins**. Une amitié et une écoute **chaleureuses**. Une sœur et un frère **distants**. Votre Éminence est trop **bonne**. Son Éminence, le cardinal Pasqualini sera **conduit** à l'aéroport. De gros bouquins **rouge** et **or**. Des vins **rouges**. Les chiennes de la meute sont **noir** et **blanc**. Les atours de la princesse étaient **gorge-de-pigeon** et ses bas couleur **chair**. Des rayons **ultraviolets**. Des rayonnements **infrarouges**. La ville a l'air **illuminée**. Trois **demi**-douzaines d'huîtres. Le rendez-vous est fixé à une heure et **demie**, mais venez à midi et **demi** (ou « **demie** ») si vous le souhaitez.

Rappels

> *Demi* placé après le nom s'accorde avec lui en genre seulement. *Midi* est du masculin. Mais on rencontre souvent « midi et demie » parce qu'on pense à « l'heure » de midi, et surtout « minuit et demie », car on dit « la » minuit.

À la **mi**-janvier, l'air était déjà tiède. Il avait de l'eau jusqu'à **mi**-jambes. À **mi**-hauteur, entaillez l'arbuste. « J'ai ouï-dire à **feu** ma sœur », Montesquieu. La **feue** reine d'Angleterre. Vous recevrez cette caisse **franc** de port (franc > adverbe) ou **franco** de port (franco > adverbe) ou **franche** de port (franche > adjectif, se rapporte à caisse). Le punk du village portait une crête **rouge feu** sur une chevelure **vert pomme**. Des flots **jaune paille** envahissaient la rue.   **34 points**

Les adjectifs non qualificatifs ou « déterminatifs »

Temps 1

JE RAFRAÎCHIS MES CONNAISSANCES

Rappel

Il y a six sortes d'adjectifs non qualificatifs :

- Ceux qui **montrent** le nom auquel ils se rapportent, les *démonstratifs*.
- Ceux qui indiquent le **propriétaire** de l'objet indiqué par le nom, les *possessifs*.
- Ceux qui marquent le **nombre** des objets indiqués par le nom, les *numéraux*.
- Ceux qui **interrogent** sur le nom : les *interrogatifs*.
- Ceux qui **rappellent** le nom au moment d'introduire une explication supplémentaire : les adjectifs *relatifs*. (Peu employés : ne les confondez pas avec les pronoms relatifs.)
- Ceux qui n'apportent qu'une détermination **vague** et générale : les *indéfinis*.

Tous ces adjectifs, qu'on appelle « déterminatifs », ont deux caractéristiques : leur **place** dans la phrase et les **accords** de genre et de nombre qu'ils entretiennent avec le nom auquel ils se rapportent.

a) Dans la phrase, les adjectifs déterminatifs **précèdent** toujours le nom qu'ils accompagnent :

« **Cette** table » > démonstratif

« **Notre** avis » > possessif

« Nous avons rencontré ce dénommé Mathieu, **lequel** Mathieu n'était pas très bavard. » Lequel *placé devant le nom* Mathieu, est un adjectif relatif.

« **Quelle** heure est-il ? » > interrogatif

« Il est **cinq** heures » > numéral

« Dans **quelques** minutes je dois partir » > indéfini

b) Accord en genre et en nombre. *Sauf l'adjectif numéral cardinal* invariable, les **adjectifs déterminatifs s'accordent** en genre et en nombre avec le nom auquel ils se rapportent.

« *Cette* fillette/*mon* chien/par *quels* pays passerez-vous ? »

Cas particulier des adjectifs numéraux

Rôle des adjectifs numéraux

Les adjectifs numéraux déterminent le nom auquel ils se rapportent en précisant :
- soit *le nombre* des êtres ou des objets désignés par le nom ;
- soit *le rang* qu'ils occupent dans une liste, exprimée ou sous-entendue.

Dans le premier cas, il s'agit des adjectifs numéraux **cardinaux**, (c'est-à-dire « principaux » ou plus importants), dans le second cas des adjectifs numéraux **ordinaux**.

> **Remarque**
>
> Il existe d'autres formes d'adjectifs numéraux, comme les « multiplicatifs », (double, triple, quadruple) ou les « fractionnaires » (demi, tiers, quart, dixième).
>
> Les adjectifs numéraux **cardinaux**, c'est-à-dire principaux, tirent leur nom du mot « cardinal » qui, en latin, *désigne le pivot d'une porte*, l'armature métallique qui à la fois soutient et permet l'ouverture de cette porte. Parmi les nombres, les cardinaux sont donc les fondamentaux.

Orthographe des adjectifs numéraux

Les adjectifs numéraux ordinaux

L'adjectif ordinal s'accorde en genre et en nombre avec le nom auquel il se rapporte.

Les premiers arrivés des secondes classes (ou plus simplement « des secondes »).

Remarque

> Dans l'exemple précédent, le mot « secondes » devient un véritable *nom*, alors que l'on supprime le mot « classes ».
>
> Autres exemples : « Le **second** était de **quart** sur la passerelle du Titanic », « **le tiers** provisionnel », « **les** trois **quarts** de la somme ».

Les adjectifs numéraux cardinaux

Rappel : l'adjectif numéral cardinal marque le nombre, la quantité.

« *Trois* hommes dans *un* bateau. »

Comment bien l'écrire ?

La question des traits d'union

On met un trait d'union *entre les mots inférieurs à cent* sauf s'ils sont déjà joints par la conjonction « et » qui remplace le trait d'union.

Quarante-deux/Vingt **et** un.

On écrira donc *:* *Soixante-dix/Dix-neuf* mille trois cent *vingt-sept* euros

Cent deux (supérieur à cent)

Douze cent (supérieur à cent)

Quatre-vingt-onze/Quatre-vingt-un (inférieur à cent)

Soixante **et** onze (le « **et** » remplace le trait d'union)

Les règles d'accord

Le principe est simple : les adjectifs numéraux cardinaux sont invariables.

Ce n'est pas surprenant, car leur aspect même indique le nombre. **Zéro** et **un** sont au singulier, tous les autres sont au pluriel. Inutile donc de leur ajouter un *s*.

Les quatre mousquetaires.

Ah !… On m'objecte : « Quelques-*uns* », « les *uns* et les autres » où le mot **un** prend un *s*.

Que répondre ? Dans ce cas le mot **un** n'est pas un adjectif numéral, mais un pronom indéfini désignant une « individualité » peu déterminée.

Les adjectifs numéraux n'ont pas non plus de genre, ni « masculin » ni « féminin » : trois *hommes*, trois *femmes*, pas de différence en ce qui concerne le nombre « trois ».

Cas particuliers

Un devient une quand il se rapporte à un nom féminin :

Vingt et **une** maisons. À trois heures **une** (on pense à une minute). Il a évité l'accident, mais c'était **moins une** (on pense à une chance, une éventualité). **Et d'une** ! (On pense à une série, et on continuerait « et de deux ! et de trois ! ») Ce livre compte mille et **une** pages. À la page **une** vous trouverez le sommaire du bouquin.

Vingt et cent prennent un s quand ils sont multipliés sans être suivis d'un autre nombre.

Quatre-vingts (quatre fois vingt).

Quatre-vingts euros. Mais : *quatre-vingt-un euros* (vingt sans s, et pourtant il y a un euro de plus !).

Deux cents (deux fois cent) : « *Ils étaient deux cents à courir dans la plaine.* »

Cent euros, deux cents euros (100 × 2).

Attention !

Bien veiller aux liaisons dans le langage parlé : non pas « cent *z* euros » ou « deux cents *t* euros » !

Millier, million, milliard sont des noms, et prennent un s au pluriel.

Mille, qui est un adjectif numéral cardinal *invariable*, ne prend un s que s'il désigne une unité de longueur (1 852 mètres) utilisée surtout dans la marine.

Ce pétrolier naviguait à trois **milles** des côtes bretonnes.

Mais : trois *mille* hommes, les dizaines de *mille*, l'an deux *mille*, où le mot mille est un adjectif numéral invariable.

Temps 2

UN PETIT ENTRAÎNEMENT

Astuce pour déchiffrer les nombres romains

Les nombres écrits en chiffres romains correspondent à la combinaison de sept signes fondamentaux :

I	V	X	L	C	D	M

Soit, en chiffres arabes :

1	5	10	50	100	500	1 000

Pour obtenir les autres chiffres on procède par addition ou soustraction : **par addition, à droite, par soustraction à gauche.**

La soustraction se limite aux chiffres suivants :

V peut donner IV	(4)	> 5-1
X peut donner IX	(9)	> 10-1
L peut donner XL	(40)	> 50-10
C peut donner XC	(90)	> 100-10
D peut donner CD	(400)	> 500-100
M peut donner CM	(900)	> 1 000-100

Vous remarquez que le chiffre *inférieur* est placé *devant* le chiffre supérieur dont il faut le *retrancher.*

L'addition permet d'obtenir les autres chiffres. Tout chiffre inférieur ou égal placé à la suite d'un chiffre supérieur ou égal s'ajoute au précédent.

LX = 50 + 10 = 60/VII = 5 + 1 + 1 = 7

On peut répéter trois fois mais on ne répète pas quatre fois le même caractère. C'est pour cela qu'on écrit 4 = 5-1 (IV) et non IIII/9 = 10-1 (IX)/40 = 50-1 (XL)/ 90 =1 00-10 (XC)/400 = 500-100 (CD)/900 = 1 000-100 (CM).

C'est à vous

1. Exercez-vous à lire :

Les noms des papes du XX\ :sup:`e` siècle : Léon XIII, Pie X, Benoît XV, Pie XI, Pie XII, Jean XXIII, Paul VI, Jean-Paul I\ :sup:`er`, Jean-Paul II.

Les noms des rois : Louis IX, Louis XIV, Louis XVI, Louis XVIII.

Chapitre LXV, Psaume LXXIV, l'an MCMXXXII, le XXIX juin.

2. Exercez-vous à écrire en chiffres ordinaires :

XXVI (?), LXIX (?), LXXXVIII (?), CDXCIII (?), MCDXLIV (?), XXIV (?), DCLIX (?), CCCLXI (?), MMDCCIV (?), MCMLXII (?)

Temps 3

CORRECTION

N'oubliez pas d'inscrire votre score !

1. Les noms des papes du XXe siècle : Léon 13, Pie 10, Benoît 15, Pie 11, Pie 12, Jean 23, Paul 6, Jean-Paul premier, Jean-Paul 2.
Les noms des rois : Louis 9, Louis 14, Louis 16, Louis 18.
Chapitre 65, Psaume 74, l'an 1932, le 29 juin. **17 points**

2. XXVI = 26/LXIX = 69/LXXXVIII = 88/CDXCIII = 493/MCDXLIV = 1444/ XXIV = 24/DCLIX = 659/CCCLXI = 361/MMDCCIV = 2704/MCMLXII = 1962/ **10 points**

Total : 27 points

Les pronoms

Temps 1

RAFRAÎCHIR SES CONNAISSANCES

À quoi servent les pronoms ?

Ils tiennent la place du nom et parfois même d'autres mots (adjectifs ou adverbes).

S'il fallait s'en passer, notre langue serait encombrée de répétitions : le pronom est un « raccourci » qui rend plus rapide la communication des idées.

Catégories de pronoms

On distingue six catégories de pronoms :

- Les **pronoms personnels**, qui se substituent au nom qu'ils désignent en précisant la personne qui parle, celle à qui l'on parle, celle de qui l'on parle ou la chose dont on parle : « *Moi*, Tarzan, etc. », « L'éléphanteau affamé, je *lui* ai donné à manger. »
- Les **pronoms possessifs**, qui se substituent au nom qu'ils désignent en précisant à qui il appartient : « Ce couteau, c'est *le mien*, cette écuelle c'est *la tienne* ! »
- Les **pronoms démonstratifs**, qui se substituent au nom qu'ils désignent en le montrant : « Le plus gros des mammouths : *celui-là* ! »

- **Les pronoms relatifs**, qui se substituent au nom dont on vient de parler dans une proposition précédente de la même phrase : « Le gros mammouth *qui* déracine un arbre et *dont* les pieds gigantesques écrasent notre cabane. »
- Les **pronoms interrogatifs**, qui se substituent au nom de la personne ou de l'être sur lequel on cherche une information : « Parmi ces animaux, *lequel* est le plus dangereux ? »
- Les **pronoms indéfinis**, qui se substituent au nom qu'ils désignent, mais d'une façon vague, peu précise, mal définie : « Les premiers troupeaux sont passés, *d'autres* viendront. »

Comme on peut le constater, tous ces pronoms rappellent le nom, chacun à sa manière particulière, dans une fonction bien précise, éminemment **pratique**. Grâce à ces pronoms le langage acquiert une fluidité, une efficacité qui furent sans doute indispensables à la survie du groupe humain et qui nous rendent aujourd'hui d'inappréciables services.

Pièges orthographiques

Ils sont faciles à déjouer : ils tiennent au *genre et au nombre* des pronoms ainsi qu'au *rôle, à la fonction,* qu'ils tiennent dans la phrase.

Genre et nombre des pronoms

Le pronom peut être **neutre** : verbes impersonnels, pronoms indéfinis ou interrogatifs : « **Il** faut dormir », « **Que** lisez-vous ? » et, en général, chaque fois qu'il remplace un mot qui n'est ni masculin ni féminin, ou quand il remplace une proposition entière.

Mais en règle générale :

> Le pronom prend le **genre** et le **nombre** du mot qu'il remplace.

« Ces *bâtiments* sont délabrés : *ils* ont plus de soixante ans. »

Bâtiments > masculin pluriel.
Le pronom *ils* (qui remplace « bâtiments ») > masculin pluriel.

Si un pronom remplace plusieurs noms ou pronoms du même genre, il prend leur genre et la marque du pluriel.

« La *chambre* et la *cuisine* sont fraîches : *elles* sont situées au nord. »

Si les noms sont de genre différent, le masculin l'emporte, puisqu'en français le masculin n'est pas un genre biologique, mais le genre de référence, englobant le neutre.

« *Lui* comme elle, *(ils)* ne savaient que répondre. »

Fonctions des pronoms

Le pronom est appelé à remplir, dans la phrase, les mêmes fonctions que le mot qu'il remplace : donc il se comporte comme lui dans l'accord des verbes qu'il gouverne et des autres mots avec lesquels il a un rapport.

Liste des fonctions qu'un pronom peut tenir :

- **Sujet** : « **Nous** sommes arrivés. »
- **Attribut** : « *Tu* n'es **rien** pour elle ! » > « rien », attribut de *tu*.
- **Apposition** : « *Frédéric*, **lui**, restait calme. » > « lui », apposition à *Frédéric*.
- **Complément d'objet** : « Je **vous** salue, Marie » > « vous », COD.
- « Je me souviens de **toi**, vieux grognard ! » > « toi », COI de *souviens*.
- **Complément circonstanciel** : « Il est rentré chez **lui**. » > « lui » complément circonstanciel de lieu de *est rentré*. Il est rentré *où* ? Chez **lui**.
- **Complément du nom** : « Demain ce sera l'automne de la vie, aujourd'hui, **c'en** est le printemps ! » > Le pronom « en », mis pour « vie », est complément du nom *printemps* : le printemps de « en », le printemps de la vie.
- **Complément du pronom** : « À *chacun* de **vous**, une médaille bien méritée ! » > Le pronom « vous » est complément du pronom *chacun*.
- **Complément d'adjectif** : « Cette attitude est bien *digne* de **lui** ! » > Le pronom « lui » est complément de l'adjectif *digne*.
- **En apostrophe** : « Mes amis, accourez, venez voir, **tous** ! » > Le pronom indéfini « tous », mis pour « amis », est ici en apostrophe.

Astuce

« On » est toujours **sujet**, « *autrui* » est toujours **complément**.

« **On** a toujours besoin d'un plus petit que soi »,

« Faites à **autrui** ce que vous voudriez qu'on vous fît »
(La Fontaine)

Orthographe

Les possessifs

Notre, votre, *sans accent circonflexe* et sans article sont des **adjectifs possessifs,** ils accompagnent un nom mais ne le remplacent pas.

« Nous aimons **notre ville** natale » > « notre » est un adjectif possessif qui détermine le nom « ville ».

Le nôtre, le vôtre, **pronoms possessifs,** portent l'accent circonflexe et sont formés comme les autres pronoms possessifs à l'aide des articles le, la, les.

Les relatifs

L'accord des relatifs s'opère avec un nom placé **avant** lui, *l'antécédent.*

L'accord du pronom relatif avec son ou ses antécédents est évident dans le cas du pronom **lequel** et de ses composés, comme desquelles, auxquelles, etc. Il apparaît moins avec **qui, que, quoi, dont, où** qui sont **invariables.**

 *Temps 2*

UN PEU D'ENTRAÎNEMENT

À vous !

1. Remplacez les pointillés par le mot ou l'expression qui convient :
   « L'État, c'est .... » disait Louis .../Êtes-vous malade ? Je .... suis/Êtes-vous la malade que le médecin doit voir ? Je .... suis/Beaucoup de promesses : autant .... emporte le vent !/Te faut-il ce livre ? Oui, il me .... faut. Te faut-il cette clef ? Oui, il me ... faut. Te faut-il ces pantalons ? Certes, il me ... faut/Les biens ... appartenant ... appartiennent aussi/Je vous ... donne en mille/« Madame de Rocquencourt adorait ... fils qui .... rendait bien : on a quantité de lettres à ... adressées, par le marquis, quand il était jeune homme »/« Si ... vous ... disais, pourtant, que ... vous aime ! » (A. de Musset)/Tiens-... -toi pour dit/Tiens-toi- ... pour dit (les deux formes sont acceptées)/Tenez- ...-... pour dit ! (une seule forme acceptée)

2. Remplacez les pointillés par les mots qui conviennent :

Je joins à ma lettre, …. qu'a écrite mon frère.

Les immeubles, même …. possédés par des étrangers, sont régis par la loi française.

La douleur physique est-elle comparable à ….. occasionnée par une séparation cruelle ?

Il n'est pas de plus grands crimes que …. perpétrés contre un enfant.

Vous menez une politique contraire à ….. que vous envisagiez lors de votre élection.

Les riches ont leurs peines et les pauvres ont …..

Chacun a son travail, je fais ….. tu fais …..

Tel écrivain nous impose ses idées, tel autre se conforme aux …..

La fin du mois arrive et de nombreux foyers ont déjà dépassé ….. budget.

« Tuez-les tous, Dieu reconnaîtra les… » (parole attribuée à Arnauld Almaric, dans sa lutte contre les Cathares Albigeois).

 *Temps 3*

VERS L'AUTO-ÉVALUATION

Les réponses sont **en gras**.

1. « L'État, c'est **moi** », disait Louis **XIV**/Êtes-vous malade ? Je **le** suis/Êtes-vous la malade que le médecin doit voir ? Je **la** suis/Beaucoup de promesses : autant **en** emporte le vent ! Te faut-il ce livre ? Oui, il me **le** faut/Te faut-il cette clef ? Oui, il me **la** faut/Te faut-il ces pantalons ? Certes, il me **les** faut/Les biens **m**'appartenant **t**'appartiennent aussi/Je vous **le** donne en mille/« Madame de Rocquencourt adorait **son** fils qui **le lui** rendait bien : on a quantité de lettres à **elle** adressées, par le marquis, quand il était jeune homme »/« Si **je** vous **le** disais, pourtant, que **je** vous aime » (Alfred de Musset)/Tiens-**le**-toi pour dit. Tiens-toi-**le** pour dit (deux formes possibles)/Tenez-**vous**-le pour dit (une seule forme acceptée). **22 points**

2. Je joins à ma lettre, **celle** qu'a écrite mon frère.

Les immeubles, même **ceux** possédés par des étrangers, sont régis par la loi française.

La douleur physique est-elle comparable à **celle** occasionnée par une séparation cruelle ?

Il n'est pas de plus grands crimes que **ceux** perpétrés contre un enfant.

Vous menez une politique contraire à **celle** que vous envisagiez lors de votre élection.

Les riches ont leurs peines, les pauvres ont **les leurs.**

Chacun a son travail, je fais **le mien,** tu fais **le tien.**

Tel écrivain nous impose ses idées, tel autre se conforme aux **nôtres.**

La fin du mois arrive et de nombreux foyers ont déjà dépassé **leur** budget.

« Tuez-les tous, Dieu reconnaîtra **les siens.** »   **10 points**

Total : 32 points

Les mots invariables

 *Temps 1*

JE RAFRAÎCHIS MES CONNAISSANCES

Quatre catégories de mots sont invariables :
- les adverbes ;
- les prépositions ;
- les conjonctions ;
- les interjections.

On peut y ajouter les pronoms relatifs **qui, que, quoi, dont, où** – bien que ces mots aient un genre et un nombre, celui de leur antécédent. Mais ce genre et ce nombre n'apparaissent pas dans leur graphie.

L'adverbe

C'est un mot invariable qui se place près de certains mots pour en modifier ou en compléter le sens.

On pourrait penser que ce mot a un rapport uniquement avec le **verbe**. Il n'en est rien : dans « ad-verbe », la racine latine, *verbum*, doit être prise en son sens originel : parole, **mot**. L'adverbe intéresse donc plusieurs catégories de mots.

Les mots qui peuvent être complétés par un adverbe sont :
- Le verbe : Ils *moururent* **debout.**
- L'adjectif : Une cuisine **très** *épicée.*
- L'adverbe : Il chante **très** *bien.*
- La préposition : Ils s'éclipsèrent **immédiatement** *après* la cérémonie.

Bien orthographier les **adverbes**, c'est d'abord les identifier comme tels. Ainsi, l'adverbe *debout*, dans l'exemple précédent, est invariable, quel que soit le nombre des personnes concernées, quel que soit leur genre, masculin ou féminin.

Aux adverbes proprement dits, il faut ajouter les « locutions adverbiales », groupes de mots qui font office d'adverbes : « en même temps », « pour ainsi dire », « tout à l'heure », etc.

Adverbes et locutions adverbiales se répartissent en différentes catégories : de **manière**, de **quantité**, de **temps**, de **lieu**… **d'affirmation** (*oui, certes*), de **négation** (*non, non pas, non plus*) **d'interrogation** (*est-ce que ?* Est-ce que les éléphants se cachent pour mourir ?), de **doute** (*apparemment, peut-être, sans doute*).

Les adverbes peuvent être :
- Des mots spéciaux, dérivés du latin : ainsi, aussi, exprès…
- Des adjectifs dont on a élargi l'emploi à celui d'adverbe : fort, net, clair, juste… Ces adjectifs sont « pris adverbialement », ils deviennent donc invariables. Exemple : « Ces fillettes sont fort énervées. »
- Des adjectifs auxquels on ajoute la terminaison « ment » : complètement, largement, lentement…

Impuni fait « impunément », gentil fait « gentiment », savant fait « savamment », insolent fait « insolemment », aveugle fait « aveuglément ».

À différents mots (noms, adjectif indéfinis, adverbes), on peut ajouter la terminaison « ment » : diable > diablement/nuit > nuitamment/quasi > quasiment.

La préposition

Mot invariable qui unit deux autres mots dont le second complète le premier et le précise.

Le goût **de** ce café. L'ordinateur est **sur** mon bureau.

Les principales prépositions sont **à**, **de**, **en**, **par**, **pour**.

Chacune de ces cinq prépositions a de multiples utilisations : « pour » indique l'attribution, mais également le but, la direction, la destination, l'échange, l'équivalence (une somme **pour** récompense), la cause (une condamnation **pour** vol), le fait d'être concerné (**pour** moi, je pense que…), etc.

> **Astuce**
>
> Pour ne pas confondre la préposition **à** avec le **a** du **verbe avoir**, remplacez mentalement *a* par *avait* : si la phrase reste correcte, il s'agit du verbe avoir : écrivez *a* sans accent.

Les autres prépositions sont : après, avant, avec, chez, contre, dans, depuis, derrière, dès, devant, durant, entre, envers, excepté, hors, hormis, moyennant, nonobstant, outre, parmi, pendant, sans, sauf, selon, sous, suivant, sur, vers, voici, voilà.

Il existe également des « locutions prépositives » en plusieurs mots dont on ne saurait donner la liste complète : à cause de, au-dessus de, au-dessous de, au travers de, de peur de, vis-à-vis de, etc.

La conjonction

Dans le mot « conjonction » on voit le mot *jonction* = *union*.

La conjonction est donc un mot invariable qui joint :

— soit deux mots à l'intérieur d'une proposition ;

– soit deux propositions entre elles ;
– soit même parfois deux phrases.

La conjonction peut prendre l'aspect d'une « locution conjonctive » si plusieurs mots réunis exercent la même fonction : « Ce sera pour aujourd'hui, **ou alors** demain, **à condition** qu'il fasse beau... »

On distingue les conjonctions de coordination et de subordination :

La **coordination** réunit des éléments *de même nature et de même fonction* : deux noms, deux adjectifs, deux adverbes... Ou deux propositions. Et dans les textes : deux phrases, deux paragraphes.

« Grands **ou** petits, la chance nous attend tous... une fois ! »

« Vaches **et** moutons, le troupeau se précipite. »

« La brume se dissipa **et** la lune apparut. »

« Il n'a rien dit, rien fait. **Et** pourtant, son attitude a été jugée agressive. »

Les conjonctions de coordination sont principalement : **Et/ou/ni/mais/car/or/donc.**

La **subordination** réunit des propositions de rang inégal, l'une est supérieure, l'autre est inférieure, soumise, l'une est *principale*, l'autre est *subordonnée*.

Bon à savoir

Qu'est-ce qu'une proposition ? C'est l'ensemble construit autour d'un verbe dans la phrase.

Une phrase simple comporte une proposition : sujet + verbe + (éventuellement) complément(s).

Une phrase complexe comporte deux propositions ou plus : ces propositions peuvent être :

– soit **coordonnées** (par une conjonction de coordination) comme les deux plateaux d'une balance, à égalité ;
– soit présentées de sorte que l'une est **principale** et l'autre (ou les autres) **subordonnée(s)** à la principale. La principale contient le verbe directeur de toute la phrase.

« Les cigognes partent **quand** s'éloignent les beaux jours. »

Proposition principale : *les cigognes partent.*

Proposition subordonnée conjonctive de temps : *quand s'éloignent les beaux jours.*

Les conjonctions de subordination sont :
Si/sinon/comme/quand/que et les composés de que.

Les conjonctions étant invariables, aucune hésitation quant à leur orthographe.

Cependant, le choix d'une conjonction de **subordination** entraîne des conséquences pour le verbe de la subordonnée qui peut être soit au subjonctif soit à l'indicatif.

Les conjonctions qui demandent le subjonctif sont :

À condition que, afin que, à moins que, avant que, bien que, de crainte que, de peur que, encore que, en sorte que, jusqu'à ce que, pour que, pourvu que, quoique, sans que, soit que, supposé que.

« *De peur que* tu ne **sois** indisponible ce soir, je t'appelle maintenant. »

Les conjonctions qui demandent l'indicatif sont :

Ainsi que, après que, attendu que, autant que, comme, de même que, depuis que, dès que, lorsque, moins que, parce que, pendant que, plus que, puisque, quand, si (et ses composés : comme si, même si, si ce n'est que), tandis que, tant que, vu que, etc.

« *Pendant que* tu **es** là, remplace cette ampoule, s'il te plaît. »

Quelques exceptions cependant :

Parfois, le conditionnel s'impose : « Je ne te prête pas ma voiture, *parce que* tu en **profiterais** pour rouler trop vite. »

Dans d'autres cas, l'indicatif s'impose, si l'action est considérée comme réelle : « J'ai répété ma sonatine, *de sorte que* je **suis** prête pour le concert. »

D'autres fois, c'est le subjonctif qu'il faut employer car l'action est simplement possible : « Répétez votre choral, *de telle sorte que* vous **soyez** prêts pour le concert. »

Les conjonctions qui peuvent commander soit l'indicatif, soit le subjonctif, sont :
Au point que, dans des conditions telles que, de façon que, de telle manière que, de telle sorte que, de manière que, de sorte que.

> **Remarque**
>
> 1. Pour ne pas confondre la conjonction de coordination *ou* avec le pronom relatif *où*, remplacez le son *ou* par *ou bien*. **Si *ou bien* « fonctionne »**, ou s'écrit sans accent : c'est la conjonction.
> 2. Pour ne pas confondre la conjonction *quoique* avec *quoi que* (en deux mots), remplacez par *bien que*. **Si *bien que* « fonctionne »**, écrivez *quoique* en un mot.

« Est-ce de l'art ou du gribouillage ? » (ou bien)

« Il est très musclé, quoiqu'il soit de petite taille. » (bien que)

L'interjection

L'interjection est un mot invariable qui exprime un sentiment (bonheur, horreur, douleur…) ou un bruit naturel (onomatopée).

« Aïe ! Tu me fais mal ! »

L'interjection peut être aussi constituée par un groupe de mots.

« Allons donc ! », « Hé ! hé ! », « Voyez-vous ça ! »

L'interjection et l'orthographe : à première vue peu de rapports, puisqu'il s'agit d'un mot invariable. Encore faut-il savoir l'écrire ! Seule la lecture permet de se familiariser avec ces expressions, variables selon les époques, selon la mode, selon les niveaux de langue : l'interjection n'est pas la même en langage soutenu et en argot ; elle varie aussi selon les générations.

Ah ! Eh ! Oh ! sont les plus usuelles.

Ah ! marque un certain doute : « Ah ! vraiment ? »

Hé ! répété marque l'ironie : « Hé ! hé ! Vous m'en direz tant !… »

Ho ! marque un coup d'arrêt, comme lorsque le cavalier retient son cheval.

Ô ! désormais réservé à la poésie, exprime aussi bien l'appel, l'invocation, que la crainte ou la douleur : « Ô rage, ô désespoir, ô vieillesse ennemie ! » (Corneille, *Le Cid*).

Temps 2

UN PEU D'ENTRAÎNEMENT

Sens des prépositions

À vous !

Quels genres de rapports peuvent être indiqués par les prépositions ?

En voici une liste :

Rapport d'attribution, de but, de cause, de direction, d'étendue spatiale, d'étendue temporelle, de lieu, de manière, de matière, de moyen, de propriété, de provenance, de qualité, de temps.

À la suite de chacune des expressions suivantes, indiquez le rapport marqué par la préposition :

Parler **avec** facilité.

Donner sa fortune **au** musée local.

La chance de travailler **chez** soi.

Extraire l'or **de** la mine.

Agir **par** dévouement.

La maison **de** mon ami.

Un lit **en** fer.

Travailler **pour** nourrir sa famille.

Après trois jours **de** randonnée.

Une maison **à** deux étages.

Travailler **jusqu'à** la nuit.

Il court **vers** la liberté.

La propriété s'étend **jusqu'à** la rivière.

Temps 3

Sens des prépositions

Le rapport marqué par la préposition est indiqué entre parenthèses.

Parler **avec** facilité. (Manière)

Donner sa fortune **au** musée local. (Attribution)

La chance de travailler **chez** soi. (Lieu)

Extraire l'or **de** la mine. (Provenance)

Agir **par** dévouement. (Cause)

La maison **de** mon ami. (Propriété)

Un lit **en** fer. (Matière)

Travailler **pour** nourrir sa famille. (But)

Après trois jours **de** randonnée. (Temps)

Une maison **à** deux étages. (Qualité)

Travailler **jusqu'à** la nuit. (Étendue temporelle)

Il court **vers** la liberté. (Direction)

La propriété s'étend **jusqu'à** la rivière. (Étendue spatiale)   **13 points**

Votre auto-évaluation

Il est temps maintenant de reprendre chacun de vos scores des dix fiches passées : placez-les en face du titre de chaque fiche, par exemple 25/50, cinquante étant le nombre total de réponses qu'il fallait donner.

Vous avez aussi de la place pour noter ce qui vous a semblé facile/difficile, ce qui vous a plu/déplu, etc.

Ainsi, vous verrez où vous en êtes et ce que vous devez travailler. Après cette fiche, vous trouverez quelques suggestions d'outils de perfectionnement.

<table>
<tr><td colspan="2" align="center">**Mon auto-évaluation**</td></tr>
<tr><td colspan="2">**Fiche 1 – S'intéresser aux mots…**</td></tr>
<tr><td>Mon score :</td><td>… sur 26 points</td></tr>
<tr><td colspan="2">**Fiche 2 – Les mots et leurs fonctions**</td></tr>
<tr><td>Mon score :</td><td>… sur 45 points</td></tr>
<tr><td colspan="2">**Fiche 3 – Le nom : en général**</td></tr>
<tr><td>Mon score :</td><td>… sur 70 points</td></tr>
<tr><td colspan="2">**Fiche 4 – Les noms dans les phrases et les textes**</td></tr>
<tr><td>Mon score :</td><td>… sur 83 points</td></tr>
<tr><td colspan="2">**Fiche 5 – Les noms : du singulier au pluriel**</td></tr>
<tr><td>Mon score :</td><td>… sur 63 points</td></tr>
<tr><td colspan="2">**Fiche 6 – Les adjectifs : vue d'ensemble**</td></tr>
<tr><td>Mon score :</td><td>… sur 56 points</td></tr>
<tr><td colspan="2">**Fiche 7 – Les adjectifs qualificatifs : des emplois diversifiés**</td></tr>
<tr><td>Mon score :</td><td>… sur 34 points</td></tr>
<tr><td colspan="2">**Fiche 8 – Les adjectifs non qualificatifs**</td></tr>
<tr><td>Mon score :</td><td>… sur 27 points</td></tr>
<tr><td colspan="2">**Fiche 9 – Les pronoms**</td></tr>
<tr><td>Mon score :</td><td>… sur 32 points</td></tr>
<tr><td colspan="2">**Fiche 10 – Les mots invariables**</td></tr>
<tr><td>Mon score :</td><td>… sur 13 points</td></tr>
<tr><td>**Mon score total :**</td><td>… **sur 450 points**
(moyenne = 225 points)</td></tr>
</table>

Le verbe, un élément central

Temps 1

Quelques distinctions

On peut distinguer les verbes d'état et d'action, une distinction approximative par le sens (mais qui oublie la variété des emplois possibles).

Chacun se souvient aussi, qu'en français comme dans bien d'autres langues, il y a des verbes très courants, appelés « auxiliaires » parce qu'ils sont des verbes eux-mêmes, avec un sens très courant et très vaste, mais servent aussi à la conjugaison d'autres verbes : ce sont **être** et **avoir**.

Enfin, d'autres verbes très courants permettent d'en construire d'autres. Par exemple **faire** : « J'ai fait faire une porte », « Il s'est fait remarquer. »

Les verbes sont **transitifs** ou **intransitifs**, selon que l'action passe sur un complément ou demeure sur le sujet : « Le loup **déchire** sa proie », « Le loup **dort** dans sa tanière. »

Le verbe est **actif**, **passif** ou **pronominal**, en lui-même ou dans son emploi :

- *Actif* quand le sujet fait l'action (et même l'action de souffrir !) : « Le loup mange la chèvre », « La tristesse l'envahit. »
- *Passif* quand le sujet subit l'action, action qui est alors opérée par un complément d'agent : « La chèvre est mangée par le loup », « Il est envahi par la tristesse. »

– *Pronominal* quand le verbe est accompagné d'un pronom personnel. Ce pronom peut désigner la même personne que le sujet : « Je **me** redresse facilement. » Il est alors « réfléchi » (comme dans un miroir) ou « réciproque » si plusieurs sujets font une action qui passe des uns aux autres : « Pierre et Jean s'aident mutuellement. » Ce pronom peut n'avoir aucune fonction grammaticale : « Je m'enfuis. » Mais le verbe s'utilise ainsi, il est pronominal par nature, on dit « par essence », comme « s'enfuir », « s'emparer », « se lamenter », « se souvenir ». Le pronom est alors « explétif », il fait corps, il fait sens avec le verbe dont il est indissociable.

Le verbe est **personnel** ou **impersonnel**, ou d'emploi tel :

La forme *impersonnelle* concerne des verbes qui ne se conjuguent qu'à la troisième personne du singulier : « il pleut », « il tombe de la pluie ».

Dans « il tombe de la pluie », **il** peut être considéré comme sujet apparent et pluie comme sujet réel.

Mais dans « il pleut », **il** n'est même pas un sujet apparent, il fait corps avec le verbe dont il est inséparable, et c'est la locution entière, « il pleut » ou « il faut » qui constitue le verbe impersonnel.

Les différents groupes de conjugaison

1er groupe > infinitif en **er**.

2e groupe > infinitif en **ir** avec participe présent en **issant** (Exemple : finir > finissant).

3e groupe > **tous les autres** sans oublier les verbes en **ir** avec participe présent en **ant** (Exemple : partir > partant).

Verbes auxiliaires (**avoir** et **être**) qui, en plus de leur sens propre, servent à conjuguer les autres verbes dans leurs temps composés.

Quelques règles orthographiques concernant le verbe

Si vous avez beaucoup oublié, reportez-vous aux pages spécialisées de votre dictionnaire, vous y trouverez le détail des conjugaisons des verbes en eler et en eter, en cer, en ier, en ger, en ayer, eyer, yer, les verbes en indre et en soudre qui ne conservent le d qu'au futur simple et au conditionnel, les verbes en aître et en oître qui gardent l'accent circonflexe quand le i du radical est suivi d'un t, sans oublier becqueter, banqueter, épousseter, fureter et un grand nombre d'autres.

Rappelons l'essentiel.

1. Si l'infinitif *commence* par :

app : il prend toujours deux *p*, sauf apaiser, apercevoir, apeurer, apitoyer, aplanir, aplatir et les verbes en « apos » (aposter, apostiller, apostropher).

agg : il prend toujours un *g* sauf agglomérer, agglutiner, aggraver.

2. Si l'infinitif se *termine* par :

-eindre : toujours un *e* sauf contraindre, craindre, plaindre.

-endre : toujours un *e* sauf **épandre** et **répandre**.

-iner : toujours un *n* (**dominer**).

-onner : toujours deux *n* sauf **détoner** (dans le sens d'exploser, et non détonner = chanter faux, en changeant de ton), **époumoner**, **ramoner**, **téléphoner**.

-oter : toujours un *t* sauf ballotter, botter, calotter, crotter, culotter, grelotter, flotter, frotter, marmotter, trotter.

-uire : toujours un *e* sauf **fuir**, et les verbes du 2ᵉ groupe.

Quelques astuces

1. Le futur simple de tous les verbes du 1ᵉʳ groupe se termine par erai, eras…
2. Vous hésitez sur une terminaison. Faut-il un **é** ? Faut-il **er** ? Remplacez le mot par **prendre** ou par **mordre**, et voyez si la phrase fonctionne.
   Exemple : « Je vais dénicher une location pour juillet. »
   On peut dire « Je vais **prendre** une location pour juillet » c'est *l'infinitif* : il faut donc écrire **dénicher**.
   Si l'on peut remplacer le verbe par **pris** ou **mordu**, c'est *le participe passé*, il faut donc écrire **déniché**, mais attention à l'accord !
   Exemple : « L'appart que j'ai déniché pour juillet est super », « Les chambres que j'ai dénichées… » (que j'ai prises).
3. Vous hésitez sur une terminaison en *i* ou en *u*. Faut-il ajouter un *t* ? Remplacez par *l'imparfait* : si la phrase fonctionne, il faut un *t*.
   Exemple : « Son épreuve terminée, Rendouda **sortit** dans le couloir. » Oui, il faut un *t* à *sortit*, car on peut dire sortait.
   « **Sortie** dans le couloir, Rendouda se pencha à la fenêtre. » Oui, il faut bien utiliser le participe passé *sortie*, car on ne peut pas dire sortait.

Temps 2

À LA MANŒUVRE ! AUTO-ÉVALUEZ-VOUS...

Conjugaison passive

Transformez ces phrases actives en phrases passives. Soulignez alors le complément d'agent.

« Une soif ardente nous torturait. » (Maupassant)

« Voilà le nid qui nous abrita tant d'années de la pluie, du froid, de la faim, du souffle du monde. » (Lamartine)

« Combien de plaisirs on rassemble par cette agréable manière de voyager ! » (J.-J. Rousseau)

« Une mouche encore somnolente, traverse la chambre à l'aveuglette. » (G. Duhamel)

Étude de terminaisons

Remplissez le tableau 2 en suivant les indications du tableau 1.

Tableau 1

	Présent de l'indicatif	Imparfait de l'indicatif	Futur de l'indicatif	Présent du subjonctif
Je	*Côtoyer*	*Alléger*	*Planchéier*	*Amonceler*
Tu	*Marteler*	*Agacer*	*Grasseyer*	*Déceler*
Il	*Interpréter*	*Trier*	*Sommeiller*	*Grêler*
Nous	*Acquiescer*	*Torréfier*	*Allouer*	*Sautiller*
Vous	*Interpeller*	*Renvoyer*	*Substituer*	*Amplifier*
Ils	*Harceler*	*Démêler*	*Desceller*	*Essuyer*

Tableau 2

	Présent de l'indicatif	Imparfait de l'indicatif	Futur de l'indicatif	Présent du subjonctif
Je				
Tu				
Il				
Nous				
Vous				
Ils				

Remplissez le tableau 4 en suivant les indications du tableau 3.

Tableau 3

	Présent de l'indicatif	Imparfait de l'indicatif	Futur de l'indicatif	Présent du subjonctif
Je	Protéger	Cadencer	Assiéger	Apprêter
Tu	Inquiéter	Héberger	Recéler	Guetter
Il	Émietter	Desseller	Refléter	Congeler
Nous	Vendanger	Éparpiller	Exceller	Remblayer
Vous	Regretter	Licencier	Guerroyer	Planchéier
Ils	Recéler	Tempêter	Pirouetter	Gazouiller

Tableau 4

	Présent de l'indicatif	Imparfait de l'indicatif	Futur de l'indicatif	Présent du subjonctif
Je				
Tu				
Il				
Nous				
Vous				
Ils				

Temps 3

N'oubliez pas de noter vos scores !

Conjugaison passive

Nous étions torturés *par une soif* ardente.

Nous fûmes abrités tant d'années de la pluie, du froid, de la faim, du souffle du monde *par ce nid* que voici.

Combien de plaisirs sont rassemblés *par cette agréable manière de voyager* !

La chambre était traversée à l'aveuglette *par une mouche* encore somnolente.

4 points

Étude de terminaisons

Tableau 2

	Présent de l'indicatif	Imparfait de l'indicatif	Futur de l'indicatif	Présent du subjonctif
Je	je côtoie	j'allégeais	je planchéierai	que j'amoncelle
Tu	tu martèles	tu agaçais	tu grasseyeras	que tu décèles
Il	il interprète	il triait	tu sommeilleras	qu'il grêle
Nous	nous acquiesçons	nous torréfiions	nous allouerons	que nous sautillions
Vous	vous interpellez	vous renvoyiez	vous substituerez	que vous amplifiiez
Ils	ils harcèlent	ils démêlaient	ils descelleront	qu'ils essuient

Tableau 4

	Présent de l'indicatif	Imparfait de l'indicatif	Futur de l'indicatif	Présent du subjonctif
Je	je protège	je cadençais	j'assiégerai	que j'apprête
Tu	tu inquiètes	tu hébergeais	tu recéleras	que tu guettes
Il	il émiette	il dessellait	il reflétera	qu'il congèle
Nous	nous vendangeons	nous éparpillions	nous excellerons	que nous remblayions
Vous	vous regrettez	vous licenciiez	vous guerroierez	que vous planchéiez
Ils	ils recèlent	ils tempêtaient	ils pirouetteront	qu'ils gazouillent

48 points

Le verbe et son sujet

Temps 1

Accord du verbe avec son sujet

Règle générale :
Le **verbe** s'accorde en personne et en nombre avec son sujet.

Autrement dit, le verbe est de la même personne et du même nombre que son sujet.

1. Si le verbe n'a qu'un sujet, il s'accorde avec lui.

Cependant, quelques cas particuliers peuvent se présenter :

– Quand un verbe a un sujet apparent et un sujet réel, il s'accorde avec le **sujet apparent**, neutre et singulier ; donc le verbe se met au singulier.

« Il tombe des cordes. »

– Quand le sujet est un pronom relatif, attention ! Ce pronom a un genre, un nombre et une personne, ceux de son antécédent. Accordez donc en **personne** et en **nombre** le verbe avec l'antécédent du pronom relatif.

« C'est **vous** qui *dormez*, ô mes amis, alors que je souffre ! » *Vous* est l'antécédent de qui, mis pour « amis », seconde personne du pluriel, à qui s'adresse la plainte.

– Un sujet **collectif** peut poser des problèmes d'accord.
Des locutions comme *un grand nombre, un petit nombre, la plupart* demandent le pluriel mais acceptent le singulier aussi.

« *La plupart des hommes* aiment la vie, *un bon nombre* craignent la mort. »

Bizarrement, et bien que cette expression évoque une pluralité, « **plus d'un** » demande le singulier : « Plus d'un vous dira… »

Une locution comme « **le peu de** » exige une certaine réflexion :
Si elle suppose une quantité insuffisante, elle demande le singulier.

« Le peu de moyens financiers investis **explique** l'échec de votre projet » (quantité insuffisante).

Mais : « Le peu de moyens financiers investis **ont** réussi à relancer l'affaire » (les quelques moyens… quantité nécessaire mais suffisante).

Un *adverbe* peut avoir un sens collectif :

« **Peu** réussissent, là où **beaucoup** ont échoué. »

Retenez que...

Avec le sujet je, le verbe ne se termine jamais par un *t* :
« Je n'aime pas le thé !!! »
Il se termine souvent par un *s* : je prends.
Mais attention ! Pas toujours.

En effet :

Après *je* on peut trouver une terminaison en e : j'aime, il faut que je crie.
Avec *je* on trouve : j'ai, je vaux, je veux.
Au passé simple des verbes du 1er groupe, avec *je* la terminaison est *ai* : je chantai.
Au futur simple de tous les verbes, avec *je* : terminaison *rai* : je chanterai, j'entreprendrai.

Avec le sujet tu, le verbe se termine par un *s* :
« *tu* demandes un *s* ».
Sauf : tu peux, tu vaux, tu veux qui prennent un x.

Avec le sujet il, elle, ou *un nom au singulie*r : jamais un *s*, mais une des lettres du mot « **date** ».

Finale en *d* : il prend
Finale en *a* : il mangea
Finale en *t* : il prit
Finale en *e* : il aime
Exceptions : il vainc (verbe vaincre), il convainc (verbe convaincre)

Avec le sujet ils, elles, ou *un nom pluriel* : toujours *nt*.
« Les *danseuses* s'inclinent, *elles* attendent le premier coup d'archet. »

Avec le sujet on (on = un homme), verbe à la troisième personne du singulier.
« On discutait, on refaisait le monde. »

Avec le sujet qui, le verbe se conjugue avec l'antécédent.
« C'est toi qui marches dans la rue. »

Le, la, les devant un verbe ne sont jamais sujets mais compléments.
« Mes compagnons sont autour de moi, je *les* écoute. » J'écoute qui ? « *les* », pronom personnel mis pour « compagnons ».
On voit que le pluriel *les* n'influe pas sur l'écriture du verbe, car le sujet de « écoute » c'est *je.*

2. Si le verbe a plusieurs sujets.

En règle générale, le verbe se met au pluriel, mais des cas particuliers se présentent souvent.

Lorsque les sujets sont de différentes personnes, la première a la priorité sur la deuxième et la troisième, et la deuxième sur la troisième.

« *Lui et moi sortons ensemble.* » **Sortons** est de la 1re personne qui l'emporte donc sur la troisième, lui.

« *Eux et vous prendrez la voiture.* » **Prendrez** est de la seconde personne qui l'emporte également sur la troisième, eux.

Si les sujets sont synonymes, et s'ils ne sont pas réunis par *et*, le verbe s'accorde avec le dernier seulement :

« La tranquillité, le calme fait le charme du lieu. »

Mais : « Le calme *et* le repos seront nécessaires à votre rétablissement. »

Une énumération entraîne le pluriel, sauf si cette énumération est suivie d'un pronom qui la résume ou si elle contient une gradation, de sorte que le dernier terme contient les précédents.

« Âne, chèvres, poules se promènent en liberté dans ce cadre bucolique. »

Mais : « Femmes, moines, vieillards, *tout* était descendu. » (La Fontaine)

Et : « La terre, le système solaire, que dis-je l'Univers, raconte la puissance de l'esprit qui en perce les secrets ! »

Réunis par *ou*, *ni*, les sujets peuvent entraîner le pluriel ou le singulier, selon les cas.

« Ni la gloire, ni l'argent ne nous **rendent** heureux… » C'est du moins ce qu'affirment ceux qui les possèdent.

« Le Mexique ou la Malaisie **sera** notre prochain voyage. » Il n'y aura qu'un voyage : il faut donc choisir !

« L'un et l'autre **votent** pour moi : j'obtiendrai donc deux voix ! » (pluriel).

« L'un et l'autre **était** sorti. » Chacun de son côté (singulier).

L'un ou l'autre : l'un exclut l'autre (singulier).

« Des deux robes en solde, l'une ou l'autre **sera** choisie, et payée. »

« De ces deux livres, ni l'un ni l'autre ne **sont** intéressants. » On privilégie la globalité (pluriel).

« De ces deux livres, ni l'un, ni l'autre ne **fait** l'unanimité des lecteurs. » Si l'on choisit le singulier, il vaut mieux séparer « ni l'un » de « ni l'autre » par une virgule.

Certains mots de liaison invitent également à la réflexion : **ainsi que, aussi bien que, comme, de même que.**

« Le courage *ainsi que* la diplomatie **sont** nécessaires à la politique. » (pluriel)

« Le courage *comme* toute vertu **demande** effort et persévérance. » (singulier)

Temps 2

Accord du verbe

À vous !

Écrivez le verbe entre parenthèses à la forme qui convient.

1. La beauté, la douceur, la tendresse de Marjolaine (ravir, imparfait) son cœur.

2. L'amour-propre ou l'intérêt (dominer, présent) la plupart des hommes.

3. « Un souffle, une ombre, un rien, tout lui (donner, imparfait) la fièvre » (La Fontaine).

4. La santé comme la chance (retirer, présent) leurs cadeaux à ceux qui les méprisent.

5. Ton bonheur ou ton malheur (être conditionné, futur) par ta conduite.

6. La force de l'esprit comme celle du corps (être le fruit, présent) d'une gymnastique journalière.

7. Sa commune, la France, le monde entier (s'honorer, présent) d'un tel génie.

8. Ni La Fontaine, ni Corneille n' (être, imparfait) des flatteurs courtisans.

9. Vous-même et votre ami (être, présent) des connaisseurs, (goûter, impératif) ce vin, vous m'en (dire, futur) des nouvelles !

10. Un grand nombre de soldats (périr, passé simple) dans les combats.

11. Peu d'étudiants (habiter, présent) de confortables studios.

12. Une partie des vaisseaux (sombrer, passé simple) dans la tempête.

13. La grande majorité des Français (reconnaître et saluer, présent) les efforts accomplis par le gouvernement.

14. Les deux tiers de cette population (mourir, présent) de faim.

15. Le reste des naufragés (tenter, passé simple) de nager vers la côte.

16. Le peu de services qu'il a rendu lui (avoir valu, passé composé) la Légion d'honneur.

17. Ce peu de mots (avoir, passé simple) un effet décisif.

18. Plus d'une brebis galeuse (s'être glissé, plus-que-parfait) dans notre groupe.

19. Le peu d'hommes qui (agir, présent) par devoir (mériter, présent) toute notre admiration.

20. On voit quelquefois une nuée de sauterelles qui (obscurcir, présent) l'air, et (descendre, présent) ensuite vers la terre dont les récoltes sont bientôt ravagées.

 **Temps 3**

Accord du verbe

1. ravissait > plusieurs sujets synonymes, non réunis par « et ». Le verbe s'accorde avec le dernier sujet.

2. domine > soit l'un, soit l'autre.

3. donnait > présence d'un pronom indéfini, « tout », masculin singulier qui rassemble les sujets.

4. retirent > addition des causes. Présence de « leurs » au pluriel.

5. sera > le « ou » a valeur de sélection, soit le bonheur soit le malheur.

6. sont > addition, le corps + l'esprit.

7. s'honore > gradation : La France contient la commune, le monde contient la France.

8. n'étaient > addition.

9. êtes, goûtez, direz.

10. périrent > collectif pluriel.

11. habitent > *idem.*

12. sombra.

13. reconnaît > *une* majorité, *la* majorité, collectif singulier.

14. meurent > les deux tiers constituent une pluralité arithmétique.

15. tenta > « le reste » désigne une globalité.

16. a valu > singulier. On insiste ironiquement sur la quantité notoirement **insuffisante** des services rendus, et par conséquent sur la valeur très relative de la Légion d'honneur.

17. eurent > pluriel. Quantité nécessaire mais **suffisante.**

18. s'était glissée > féminin singulier. Nous avons signalé l'étrangeté de ce singulier.

19. agissent, méritent > pluriel correspondant à une quantité nécessaire mais **suffisante.**

20. obscurcissent, descendent > collectif pluriel.

20 points

L'accord des participes

 *Temps 1*

RAFRAÎCHIR SES CONNAISSANCES

Le participe, le participe présent, le participe passé

Le **participe** est une forme du verbe, un « mode » comme l'indicatif ou le subjonctif, mais qui « **participe** » à la fois du *verbe* et de *l'adjectif*.

« Que voyait-on ? Une rivière *perdue* dans la campagne, des vapeurs *montant* de cette rivière. »

Montant est une forme du verbe *monter*, une forme active. (les vapeurs montent)

Perdue est une forme du verbe *perdre*, une forme qui peut être passive (la rivière est perdue) ou active (j'ai perdu de vue la rivière).

Montant est un participe *présent*, proche du verbe : il est **invariable**.

Perdue est un participe *passé*, proche de l'adjectif : comme l'adjectif, il est **variable**, en genre et en nombre.

Parfois le participe présent devient un **adjectif verbal** variable en genre et en nombre, mais à condition qu'on puisse le remplacer par un autre adjectif et qu'on puisse éventuellement le mettre au féminin.

« Des rideaux flottant au vent » (participe présent invar.) peuvent devenir « des rideaux flottants » (adjectif verbal s'accordant avec le nom) parce qu'on peut dire « des tentures flottantes ».

L'adjectif verbal a souvent une forme différente du participe présent.

« Une imprudence **provoquant** un accident », « un geste **provocant** », « une attitude **provocante** ».

Dans le premier cas, il y a action, dans le second il y a état habituel, qualité durable. Dans le premier cas il peut y avoir présence d'un complément (ici, accident), dans le second, on ne trouve jamais de complément.

Autres exemples :

« Un bonimenteur **convainquant** son auditoire », « un discours ou un candidat **convaincant** ».

La phrase suivante montre la différence entre les participes présents et passés :

« **Nourris** de viande crue, **emportés** par des chevaux infatigables, **mangeant** et **dormant** sur leur dos, les Barbares galopaient vers l'ouest » (phrase pastichant un roman historique).

Mangeant et **dormant** sont des participes *présents*, ils viennent directement des verbes *manger* et *dormir*, ils sont invariables. Ici, ils n'ont pas de complément, mais on pourrait leur en trouver : « mangeant le bifteck réchauffé sous leur selle » !

Nourris et **emportés**, sont des participes passés, ils participent à la fois des verbes *nourrir* et *emporter* et des adjectifs dont ils ont le genre et le nombre, ici le masculin et le pluriel.

L'accord du participe passé

Le participe passé employé « tel quel », sans auxiliaire

Employé sans auxiliaire, le participe passé s'accorde, comme l'adjectif, en genre et en nombre, avec le nom ou le pronom auquel il se rapporte. Il joue alors le rôle d'épithète, d'apposition, parfois d'attribut.

« Un paysage **tourmenté**, une côte **découpée**, des arbres **battus** par le vent. »

Attention ! Cas particulier

« Tout le village était là, excepté les trois centenaires, Rose, Marie de Locmariaquer et Virginie. » Pourquoi pas « **exceptées** les trois centenaires » ? Parce que le participe passé « excepté » est ici employé comme une *préposition*.

Tenant le rôle de préposition invariable on peut citer :

Attendu, entendu, excepté, passé, supposé, vu, y compris, non compris, ci-joint, ci-annexé, ci-inclus.

« Passé dix-huit heures, le square est fermé. »

« Attendu les panneaux d'interdiction, la vitesse est ici limitée à 50 km heure. »

Pour être **invariable**, une telle préposition doit être, comme son nom l'indique, située **avant** le nom ou le pronom qu'elle concerne. Pour revenir au premier exemple on pourrait écrire :

« Tout le village était là, Rose, Marie et Virginie **exceptées**. »

Participe passé avec l'auxiliaire « être »

Employé avec l'auxiliaire **être**, le participe passé s'accorde en genre et en nombre avec le sujet du verbe : il est alors attribut.

« Le paysage **est** *tourmenté*, les arbres **ont été** *tordus* par le vent. »

N'oublions pas que « ont été », c'est le verbe être au passé composé.

Attention !

Les participes passés employés avec des « verbes d'état » suivent la même règle :

Exemple : « Ces automobiles **restent, semblent, demeurent, paraissent** économiques. »

Participe passé avec l'auxiliaire « avoir »

C'est l'accord qui entraîne le plus d'erreurs. Il faut donc l'examiner sérieusement.

a) Règle générale

Employé avec l'auxiliaire **avoir**, le participe passé s'accorde avec le complément d'objet direct si celui-ci est placé avant le verbe, sinon il ne varie pas.

« Georges a garé sa voiture dans le parking. »

Mais : « Sa voiture, qu'il a garée dans le parking, ne démarre plus. »

Dans le premier cas le COD « voiture » est placé après le verbe, le participe passé *garé* reste invariable.

Dans le second cas le COD « voiture » est placé avant le verbe, le participe passé *garée* s'accorde en genre et en nombre avec le nom voiture.

Attention ! Le COD peut être un *infinitif* :

« Ces candidats, vous auriez **dû** les *prévenir* : pas de calculette autorisée ! »

Qu'en est-il du participe passé *dû* ? La réponse est simple : vous auriez dû quoi ? Les prévenir. Le COD est un infinitif (prévenir) et il est placé après : pas d'accord.

En l'absence de COD, le participe passé reste invariable :

« Vous avez bu ! »

b) Cas particuliers

– Si le COD est *en*, le participe passé ne varie pas.

« J'aime les fleurs mais personne ne **m'en** a offert. »

– Si le COD est *l'*, ce *l'* peut remplacer un *nom* ou une *proposition* :
Un **nom** : « *Madame de Montespan*, je *l'*ai *rencontrée* en rêve… Et moi j'ai rencontré Néfertiti ! » La règle est appliquée.
Une **proposition** : « *Le ciel a des couleurs de printemps* comme je *l'*avais imaginé » Ici *l'* remplace l'ensemble de la proposition soulignée (en italique), le participe « imaginé » reste invariable.

Temps 2

S'ENTRAÎNER COMME LES « PROS »

Les participes passés

Les phrases suivantes sont extraites de *Vingt mille lieues sous les mers* (Jules Verne).

C'est à vous !

*Rétablissez l'orthographe des participes passés, ou du verbe complet, là où l'on a indiqué **l'infinitif**.*

« Un écueil fuyant

L'année 1866 fut (marquer) par un événement bizarre, un phénomène inexpliqué et inexplicable que personne n'a sans doute (oublier).

Les gens de mer furent particulièrement (émouvoir).

En effet, depuis quelque temps, plusieurs navires s'étaient (rencontrer) sur mer avec "une chose énorme" un objet long, fusiforme, parfois phosphorescent.

Les faits relatifs à cette apparition, (consigner) aux divers livres de bord, s'accordaient assez exactement sur la structure de l'objet.

Si c'était un cétacé, il surpassait en volume tous ceux que la science (classer, plus-que-parfait) jusqu'alors. Ni Cuvier, ni Lacépède n'eussent (admettre) l'existence d'un tel monstre – à moins de l'avoir (voir), ce qui s'appelle (voir) de leurs propres yeux de savants.

Le 20 juillet 1866, le steamer Governor-Higginson (rencontrer, plus-que-parfait) cette masse mouvante à cinq milles dans l'est des côtes de l'Australie.

Deux colonnes d'eau (projeter) par l'inexplicable objet, s'élancèrent en sifflant à cent cinquante pieds dans l'air.

Quelque mammifère aquatique, inconnu jusque-là, rejetait par ses évents des colonnes d'eau, (mélanger) d'air et de vapeur.

Ce cétacé extraordinaire pouvait se transporter d'un endroit à un autre avec une vélocité surprenante, puisque, à trois jours d'intervalle, le Governor-Higginson et le Cristobal-Colon l' (observer, plus-que-parfait) en deux points de la carte (séparer) par une distance de plus de sept cents lieues marines.

Les plus vastes baleines, n'ont jamais (dépasser) la longueur de cinquante-six mètres.

Pendant les premiers mois de l'année 1867, la question parut être (enterrer), et elle ne semblait pas devoir renaître, quand de nouveaux faits furent (porter) à la connaissance du public. Le monstre redevint îlot, rocher, écueil, mais écueil fuyant, indéterminable, insaisissable. »

 *Temps 3*

Les participes passés

1. fut marquée > Auxiliaire être, accord avec le sujet « année ».

2. n'a oublié > Auxiliaire avoir. Le COD « que » mis pour « Phénomène », masculin singulier est placé avant, donc accord.

3. furent émus > Auxiliaire être, accord avec le sujet « gens de mer ».

4. s'étaient rencontrés > Verbe pronominal qui n'est ni réfléchi, ni réciproque. Il s'accorde avec le sujet « navires ».

5. consignés > Participe adjectif, épithète de « faits ».

6. avait classés > Auxiliaire avoir. Accord avec le COD « que », mis pour « ceux » masculin pluriel placé avant le verbe.

7. n'eussent admis > Auxiliaire être, accord avec les deux sujets, Cuvier et Lacépède.

8. avoir vu > Infinitif passé actif, auxiliaire avoir. Recherche du COD : avoir vu quoi ? Un monstre. COD placé avant, donc accord masculin singulier.

9. ce qui s'appelle vu > « *Ce qui s'appelle* » n'est qu'un groupe de mots dont le rôle est seulement de renforcer le participe passé « vu ».

10. avait rencontré > Le COD « masse mouvante » étant placé après le verbe, l'accord avec le participe passé « rencontré » ne se fait pas.

11. projetées > Participe adjectif, épithète de « colonnes d'eu », féminin pluriel.

12. mélangées > *Idem.*

13. l'avaient observé > Le verbe avoir s'accorde avec les deux sujets (les noms de navires) et le participe passé conjugué avec avoir s'accorde avec le COD « cétacé », masculin singulier placé avant.

14. séparés > Épithète de « points » de la carte.

15. dépassé > COD placé après le verbe. Dépassé quoi ? « La longueur », pas d'accord.

16. être enterrée > Infinitif passé passif. Accord du participe passé attribut de « question ». Attribut, car le verbe paraître est l'équivalent du verbe être.

17. furent portés > Attribut de « nouveaux faits ».

17 points

L'accord des participes passés « à problème »

Temps 1

JE RAFRAÎCHIS MES CONNAISSANCES

Les plus faciles : ils sont toujours invariables

Le participe passé des verbes impersonnels

« Il a **plu** des cordes. »

Ces verbes concernent des phénomènes météorologiques : tonner, venter, pleuvoir, mais également des idées abstraites : falloir, arriver.

« Quand on pense à tous les soins qu'il a **fallu** pour le tirer de là ! »

Dans un cas comme dans l'autre on ne tient pas compte du COD pour l'accord du participe passé : plu ou fallu.

Des verbes comme **faire, avoir, arriver** adoptent fréquemment la tournure impersonnelle.

« Avec les grands froids qu'il a **fait** », « Après les pluies qu'il y a **eu**. »

Si l'auxiliaire est le verbe *être*, le participe passé n'en reste pas moins invariable :

« Il nous *est* **arrivé** d'énormes problèmes », « Du ciel il *serait* **tombé** des grenouilles » (phénomène attesté mais rarissime !).

Les participes passés qui impliquent une *idée de mesure*, mesure de prix, mesure de longueur, mesure de temps…

« Les dix kilomètres que la championne **a couru** en si peu de temps ne l'ont pas épuisée. »

« Les cinq cents euros que ce canapé **m'a coûté**, je ne les regrette pas. »

Les compléments, « dix kilomètres », « cinq cents euros » répondent à la question **combien** et non à la question **quoi ?** Ce ne sont pas des COD mais des compléments circonstanciels.

En revanche, les mêmes mots peuvent avoir de vrais COD.

« Les risques cardiaques que la championne a courus. »

« Les sacrifices que ce canapé m'a coûtés. »

Le participe passé suivi d'un infinitif

« La maison que j'ai vu **bâtir** », « les enfants, je les ai vus **sortir** de l'école ».

Dans ce genre de phrase, il y a toujours un pronom COD qui précède le verbe. Dans la première phrase, on trouve le pronom relatif *que*, dans la seconde on trouve le pronom personnel *les*.

Que est complément d'objet direct : « J'ai vu bâtir quoi ? *Que*, mis pour maison ».

Les est également COD : « J'ai vu sortir qui ? *Les*, mis pour enfants ».

Posons-nous une question : est-ce que le pronom objet direct représente l'être qui fait l'action marquée par l'infinitif ?

Les représente les enfants et ce sont bien les enfants qui sortent. J'accorde le participe passé *vus* avec les enfants.

Que représente la maison. Est-ce que la maison fait l'action de bâtir ? **Non**, elle ne se bâtit pas toute seule ! Je n'accorde pas le participe passé *vu* avec maison.

On écrira ainsi :

« Les enfants que j'ai entendus chanter. »

« Les airs que j'ai entendu jouer. »

« Les violonistes que j'ai entendus jouer. »

« Les mesures que le chef a osé prendre. »

Le participe passé « fait » suivi d'un infinitif est toujours invariable.

« Les positions ennemies que le général a **fait** *bombarder.* »

« Les programmes qu'ils ont **fait** *enregistrer.* »

Le participe passé des verbes pronominaux

Ici, bien se rappeler (ou revoir la fiche n° 11) le passage sur les verbes pronominaux.

a) *Les verbes réfléchis et réciproques* suivent la règle des participes passés employés avec **avoir**. (Dans ces verbes l'auxiliaire être est mis pour avoir.)

« Elle s'est mordue » > Elle a mordu qui ? s' mis pour *elle.*

« Elle s'est mordu la langue » Elle a mordu quoi ? La langue. COD placé après, pas d'accord.

« Ils se sont lavés » > Ils ont lavé qui ? se, mis pour *ils.* COD placé avant, accord, lavés prend un s.

« Ils se sont lavé les mains » > Ils ont lavé quoi ? Les mains. COD placé après, pas d'accord.

« Nous nous sommes écrit » > Nous avons écrit quoi ? Rien, pas de COD, pas d'accord.

« Nous nous sommes écrit des lettres d'amour » > Nous avons écrit quoi ? Des lettres. COD placé **après**, pas d'accord.

Mais : « Les lettres d'amour que nous nous sommes écrites » > le COD *que* mis pour lettres, est placé **avant** le verbe.

b) *Les autres verbes pronominaux* suivent la règle des participes passés employés avec **être**. Le participe passé s'accorde en genre et en nombre **avec le sujet du verbe.**

« Les choux-fleurs se sont bien vendus. »

(Sens passif : les choux-fleurs ont été vendus)

« Elles se sont aperçues de leur négligence. »

(Verbe « accidentellement pronominal », car on peut le retrouver sous la forme ordinaire : apercevoir, « apercevoir un objet au loin sur la mer »)

« Ces troupes d'opérette se sont enfuies au premier coup de canon. »

(Verbe « essentiellement » pronominal, car on ne peut pas le trouver sous une autre forme, on n'enfuit pas quelque chose)

c) les verbes pronominaux suivis d'un infinitif.

On accorde le participe passé avec le COD, si le COD fait l'action exprimée par l'infinitif.

« Sincèrement les filles, vous vous êtes **vues** *jouer* les starlettes à la Télé ? »

L'action de jouer est faite par le COD *vous* mis pour filles. Ce sont bien les filles, ici, qui jouent les starlettes. Le participe passé *vues* s'accorde avec le pronom *vous* mis pour filles.

Mais : « Pire ! Nous, les balayeurs, nous nous sommes **entendu** *dire* par le PDG que nos revendications n'étaient pas fondées. »

L'action de dire n'est pas faite par les balayeurs : le participe passé *entendu* ne s'accorde pas avec le pronom *nous*, mis pour balayeurs.

 *Temps 2*

S'ENTRAÎNER

Rétablissons les participes passés là où sont indiqués des infinitifs.

1. « Ma patrie, ma famille, se sont (présenter) à mon esprit, ma tendresse s'est (réveiller) » (Fénelon, *Le Télémaque*).
2. « Voyez cette multitude d'yeux, ce diadème clairvoyant dont la nature s'est (plaire) à ceindre la tête d'une mouche » (Buffon).
3. « Les titres de consul, de dictateur et de pontife que s'étaient (arroger) les empereurs romains, les rendaient maîtres absolus de la vie et des biens de chaque citoyen. »
4. Pardonnez les injures que vous vous êtes (souvenir) avoir été (dire) contre vous par vos détracteurs.
5. Les cieux se sont (couvrir) de nuages, le tonnerre a (gronder) au loin sourdement, ses éclats se sont (rapprocher), ses coups se sont (multiplier), et bientôt les cataractes du ciel se sont (ouvrir).
6. Les pièces ont (fuir) de son porte-monnaie, sa main est un creuset qui fond l'argent, comme aurait (dire) Madame de Sévigné.
7. Dans leur superbe, nos vainqueurs se sont (rire) de nos maux.
8. Les révisionnistes se sont (nuire) en dénaturant la vérité historique.
9. Dans l'Égypte ancienne les dynasties se sont (succéder) les unes aux autres.
10. Voilà des fautes dont ils ne se sont jamais (soucier) et dont ils ne se seront jamais (repentir).

 *Temps 3*

ET UNE DERNIÈRE CORRECTION (DE GRAMMAIRE)

Participes passés rétablis et justifiés

1. **se sont présentées** > Verbe pronominal ni réfléchi, ni réciproque. Suit la règle des participes passés conjugués avec **être**. Accord avec le sujet.
   S'est réveillée > *idem*.

2. **dont la nature s'est plu à** > Verbe réfléchi dont le sens est « se donner du plaisir à ». Suit la règle des participes passés avec **avoir**. Pas de COD, pas d'accord.

3. **s'étaient arrogés** > On n'arroge pas quelque chose, ce verbe est donc essentielle- ment pronominal. Il s'accorde avec le sujet.

4. Commençons par le participe passé « **dites** » attribut de que, mis pour injures. Le verbe pronominal quant à lui, est placé devant un *infinitif passé* « avoir été dites ». Qui a fait l'action de « dire » ? Ce sont vos détracteurs, pas vous. Le participe passé *souvenu* ne s'accorde donc pas.

5. **se sont couverts** > Pronominal réfléchi. Règle des participes passés avec **avoir**, accord avec le COD *se* placé avant le verbe. « Ils ont couvert qui ? » Eux- mêmes, c'est à dire *se*, mis pour nuages, masculin pluriel.
Se sont rapprochés > même règle.
Se sont multipliés > même règle.
Se sont ouvertes > même règle, *se* est mis pour *cataractes*, féminin pluriel.
Le tonnerre a grondé > participe passé avec **avoir**, mais ici, pas de COD. *Grondé* demeure invariable.

6. **les pièces ont fui** > participe passé avec **avoir**. Pas de COD, *fui* reste invariable
Comme aurait dit > le participe passé dit est conjugué avec **avoir**, mais le COD est l'ensemble de la proposition qui précède le verbe. *Dit* reste invariable.

7. **se sont ris** = se sont moqués de > Verbe accidentellement pronominal : en effet, le verbe rire est la plupart du temps utilisé à une autre forme que pronominale. Ni réfléchi, ni réciproque, ce verbe s'accorde ici avec le sujet *vainqueurs*.

8. **se sont nui** > Pronominal réfléchi. Règle des participes passés avec **avoir**. Ici, pas de COD, donc pas d'accord, *nui* reste invariable.

9. **se sont succédé** > Pronominal à forme réciproque. Règle des participes passés avec **avoir**. Pas de COD, pas d'accord.

10. **dont ils ne se sont jamais souciés** > Se soucier : verbe essentiellement prono- minal (n'existe pas sous une autre forme). Ni réfléchi, ni réciproque. Le parti- cipe passé s'accorde avec le sujet masculin pluriel *ils*.
Dont ils ne se seront jamais repentis > *idem*.

18 points

Auto-évaluation : concours blanc

**Concours d'agent administratif 1re classe
Centre des impôts**

Épreuve d'admissibilité

**Questionnaire de français
Durée : 15 minutes**

Temps 1

SE CONCENTRER...

Pour chaque question posée, sept possibilités de réponse vous seront offertes :
- L'une des quatre solutions numérotées de 1 à 4.
- La réponse T « toutes les solutions proposées sont bonnes ».
- La réponse A « aucune des solutions proposées n'est bonne ».
- La réponse O « omission » si vous ne souhaitez pas répondre à la question posée.

Attention !

Une seule réponse par question est autorisée. Toute réponse multiple (plusieurs cases cochées) sera assimilée à une erreur.

Temps 2

Jouez le jeu du concours blanc : répondez aux questions posées

Question 1

« Je lui ai demandé s'il était prêt. »

Cette phrase est une phrase :

- ☐ 1. Déclarative.
- ☐ 2. Interrogative.
- ☐ 3. Exclamative
- ☐ 4. Impérative.

Question 2

Parmi les phrases suivantes, laquelle contient un participe passé mal accordé ?

- ☐ 1. Les pièces que j'ai vu jouer.
- ☐ 2. Combien avez-vous rencontré de personnes ?
- ☐ 3. Elle s'était construit une maison.
- ☐ 4. Elles se sont lavées les mains.

Question 3

Dans laquelle des propositions ci-dessous, l'ordre logique des phrases est-il respecté ?

A. [...] « Elle envoya chercher un de ces gâteaux courts et dodus appelés petites madeleines qui semblent avoir été moulés dans la valve rainurée d'une coquille de saint Jacques. » [...]

B. [...] « À l'instant même où la gorgée mêlée des miettes du gâteau toucha mon palais, je tressaillis, attentif à ce qui se passait d'extraordinaire en moi. Un plaisir délicieux m'avait envahi. » [...]

C. [...] « Et bientôt, machinalement, accablé par la morne journée et la perspective d'un triste lendemain, je portai à mes lèvres une cuillerée du thé où j'avais laissé s'amollir un morceau de madeleine. »

D. [...] « Un jour d'hiver, comme je rentrais à la maison, ma mère, voyant que j'avais froid, me proposa de me faire prendre, contre mon habitude, un peu de thé. Je refusai d'abord, et, je ne sais pourquoi, me ravisai. »

- ☐ 1. A – C – D – B.
- ☐ 2. B – A – D – C.
- ☐ 3. D – A – C – B.
- ☐ 4. C – B – A – D.

Question 4

*Une personne **qui lit avec peine, en hésitant** est une personne qui...*

- ☐ 1. grommelle
- ☐ 2. marmonne
- ☐ 3. ânonne
- ☐ 4. susurre

Question 5

Les verbes transitifs s'emploient avec un complément d'objet. On distingue les verbes transitifs :

Directs construits sans préposition.
Indirects construits avec une préposition.
Le complément d'objet direct (COD) accompagne un verbe transitif direct.
Le complément d'objet indirect (COI) accompagne un verbe transitif indirect.

Parmi les phrases suivantes, quelle est celle où le verbe est transitif indirect ?

- ☐ 1. Regarde ! Une étoile filante.
- ☐ 2. L'athlète boit avant de courir.
- ☐ 3. La vieille dame compte sur ses petits-enfants.
- ☐ 4. Les enfants rêvent de vacances.

Question 6

Parmi les propositions suivantes, indiquez celle qui pourrait servir de titre à cet extrait des Chroniques des jours désespérés *de P. Mac Orlan ?*

> « Derrière la porte close des chaumières, des yeux craintifs épièrent le passage des Armagnacs : les soldats en déroute […] passaient rapidement sur la neige par petites bandes. Ils regardaient derrière eux avec inquiétude […]. Puis ils disparurent dans les bois. La neige tombait sans interruption. La désolation de la guerre s'étendait à perte de vue sur les champs abandonnés […]. Avec le départ des soldats, la chaleur de l'espoir ranima le cœur des villageois. Malgré le froid, chacun ouvrit sa porte ; l'on respira longuement. »

- ☐ 1. Un hiver interminable.
- ☐ 2. Le départ des Armagnacs.
- ☐ 3. Des villageois apeurés.
- ☐ 4. La mobilisation des militaires.

Temps 3

SE CORRIGER

Question 1
Réponse 2

La phrase est une phrase **déclarative** (un des quatre types de phrase, énoncés dans l'introduction de cet ouvrage). On peut ajouter que du point de vue du sens, elle contient une interrogation indirecte (dans la proposition subordonnée introduite par « s' » = si).

Remarque

> Attention au piège ! La phrase se termine par un simple point, elle n'est rien d'autre que « déclarative ».

Question 2
Réponse 4

Reprenons la règle (très simple) de l'accord du participe passé des verbes pronominaux :

a) le participe passé des verbes pronominaux **de sens réfléchi ou réciproque** s'accorde avec le complément d'objet direct si celui-ci est placé avant le verbe. On remplace **être** par **avoir** et l'on suit la règle. Si le COD est placé après le verbe ou s'il n'y en a pas, le participe passé reste invariable.

« Elles se sont lavé les mains » = « Elles ont lavé leurs mains », le COD est placé après le verbe : **pas d'accord.**

« Elle s'était construit une maison » = « Elle avait construit pour elle une maison. »

Pour être complets, poursuivons la règle :

Le participe passé des autres verbes pronominaux s'accorde en genre et en nombre avec le sujet du verbe : « Ces cahiers se sont bien vendus », « Ils se sont aperçus de leur erreur », « Elles se sont enfuies. »

Décidément on a fait une réputation de difficulté à ces malheureux pronominaux, réputation tout à fait imméritée.

Question 3
Réponse 3 : D A C B

Question 4
Réponse 3 : ânonne.

Question 5
Réponse 3

« Petits-enfants » est complément d'objet indirect du verbe « compter », ce complément étant relié au verbe par la préposition « sur ».

Question 6
Réponse 2 : Le départ des Armagnacs.

Mon score : …… sur 6 points

PARTIE 2

Bien écrire, comprendre, mémoriser

La ponctuation (I)

Temps 1

JE RAFRAÎCHIS MES CONNAISSANCES

Les signes qui terminent la phrase

- Le point marque la fin d'une phrase. Et comme la phrase comporte habituellement une ou plusieurs « propositions », et au minimum un seul mot, le point signifie que ce qui vient d'être écrit comporte un sens complet.

« Je pensais à Martha. Elle regardait, elle pleurait. Oui. Je revoyais la scène. À son comptoir, Martha. Et, sur la route, les prisonniers qui marchaient. Sales. Mal rasés. Les yeux rougis. Désabusés, défaits. »

Le point s'utilise aussi pour marquer l'abréviation.

Chap. II, p. 23.

- **Le point d'exclamation** indique la surprise, l'étonnement, la crainte, mais également l'horreur, l'indignation, l'admiration, l'espoir.

« Ô rage ! Ô désespoir ! Ô vieillesse ennemie ! » (P. Corneille, *Le Cid*).

- **Le point d'interrogation** se place après toute phrase exprimant une interrogation directe.

« Dors-tu content, Voltaire ? » (A. de Musset, *Rolla*).

L'interrogation indirecte ne s'accompagne pas du point d'interrogation.

« Pilate demandait ce qu'était la Vérité. »

Dans une phrase contenant une question, le point d'interrogation n'est pas rejeté à la fin de la phrase lorsque celle-ci comporte une expression comme : « dit-il », « répondit-il », etc.

« Pourquoi rouler si vite ? demandai-je au conducteur. »

- **Les points de suspension** (trois points seulement, pas davantage) indiquent qu'une phrase ou un membre de phrase est inachevé.

« Le soleil du matin me chauffait les cheveux… Dans cinq minutes j'irai me baigner » (F. Sagan).

Les points de suspension sont l'expression du non-dit, et comme le non-dit est infiniment plus vaste que le « dit », les points de suspension ouvrent une large fenêtre sur l'imaginaire.

Attention !

Pas de points de suspension après etc. (= *et cætera*, « et le reste » en latin), mais une virgule avant. On peut aussi user des « etc. » à l'intérieur d'une phrase en mettant une virgule avant et après.

« Le brocanteur vendait des chandeliers, des bronzes, des vieux grimoires, **etc.** »

« Le candidat s'égosillait : je veux des réformes, des économies bien placées, des crédits bien ciblés, **etc.,** et je m'oppose aux passe-droits, aux pots-de-vin, aux niches fiscales. »

Les signes qui divisent et clarifient la phrase écrite

La virgule est le signe le plus utilisé. Grâce à la virgule, la phrase respire, s'aère, elle n'est plus ce bloc compact qui rebute et décourage le lecteur.

C'est ainsi qu'on sépare :

- Des sujets :

« Le lion, le renard, le loup, le chien sont les acteurs habituels des fables de La Fontaine. »

- Des attributs :

« Cette rose était rouge, encore humide, gonflée, parfumée. »

- Des compléments :

« Dans sa gibecière le chasseur portait un faisan, deux perdrix, un col-vert et une poule d'eau. » (La coordination « et » remplace la dernière virgule.)

- Des verbes :

« Le menuisier scie, rabote, ajuste, colle et cloue. »

- Des propositions :

« Tu te lèves, tu t'assois, tu t'agites et ton travail n'avance pas ! »

Le point-virgule se trouve toujours à l'intérieur de la phrase où il marque une pause plus longue, une respiration plus profonde.

« Ce que nous croyons connaître, c'est une goutte d'eau ; ce que nous ignorons certainement, c'est l'Océan ; mais n'y a-t-il pas autant de mystère dans une goutte d'eau que dans l'Océan ? »

Les deux points annoncent une explication ou une énumération, parfois une citation.

« La célèbre chanson de Gainsbourg me revenait en mémoire : *Aux armes, etc.* »

« En français, on trouve quatre catégories de mots invariables : l'adverbe, la préposition, la conjonction et l'interjection. »

Les deux points peuvent être utilisés pour attirer l'attention.

« Dans le monde d'aujourd'hui, une valeur doit être préservée : l'Amour ; déjà saint Augustin disait : Aime, et fais ce que voudras. »

 **Temps 2**

S'ENTRAÎNER

C'est à vous !

1. Dans ce texte qui termine Vingt mille lieues sous les mers, *de Jules Verne, rétablissez les points qui marquent la fin des phrases. (Points ordinaires, points d'interrogation, points d'exclamation.)*

« Mais qu'est devenu le Nautilus A-t-il résisté aux étreintes du Maelstrom Le capitaine Nemo vit-il encore Poursuit-il sous l'Océan ses effrayantes représailles, ou s'est-il arrêté devant cette dernière hécatombe Les flots apporteront-ils un jour ce manuscrit qui renferme toute l'histoire de sa vie Saurai-je enfin le nom de cet homme Le vaisseau disparu nous dira-t-il, par sa nationalité, la nationalité du capitaine Nemo

Je l'espère J'espère également que son puissant appareil a vaincu la mer dans son gouffre le plus terrible, et que le Nautilus a survécu là où tant de navires ont péri S'il en est ainsi, si le capitaine Nemo habite toujours cet Océan, sa patrie d'adoption, puisse la haine s'apaiser dans ce cœur farouche Que la contemplation de tant de merveilles éteigne en lui l'esprit de vengeance Que le justicier s'efface, que le savant continue la paisible exploration des mers Si sa destinée est étrange, elle est sublime aussi Ne l'ai-je pas compris par moi-même N'ai-je pas vécu dix mois de cette existence extranaturelle Aussi, à cette demande posée, il y a six mille ans, par l'Ecclésiaste : "Qui a jamais pu sonder les profondeurs de l'abîme" deux hommes entre tous les hommes ont le droit de répondre maintenant Le capitaine Nemo et moi »

2. Dans ce texte de Maupassant :
   a) rétablissez les virgules qui ont été supprimées ;
   b) dites en quoi elles sont nécessaires.

« Les machines voraces mangent du feu ce fer éclatant le broient le coupent le scient l'aplatissent le filent le tordent en font des locomotives des navires des canons mille choses diverses fines comme des ciselures d'artistes monstrueuses comme des œuvres de géants et compliquées délicates brutales puissantes. »

(Guy de Maupassant)

![Temps 3]

SE CORRIGER

1. Les petits triangles indiquent les endroits où sont placés les signes de ponctuation.

« Mais qu'est devenu le Nautilus Δ? A-t-il résisté aux étreintes du Maelstrom Δ? Le capitaine Nemo vit-il encore Δ? Poursuit-il sous l'Océan ses effrayantes représailles, ou s'est-il arrêté devant cette dernière hécatombe Δ? Les flots apporteront-ils un jour ce manuscrit qui renferme toute l'histoire de sa vie Δ? Saurai-je enfin le nom de cet homme Δ? Le vaisseau disparu nous dira-t-il, par sa nationalité, la nationalité du capitaine Nemo Δ?

Je l'espèreΔ. J'espère également que son puissant appareil a vaincu la mer dans son gouffre le plus terrible, et que le Nautilus a survécu là où tant de navires ont péri Δ! S'il en est ainsi, si le capitaine Nemo habite toujours cet Océan, sa patrie d'adoption, puisse la haine s'apaiser dans ce cœur farouche Δ! Que la contemplation de tant de merveilles éteigne en lui l'esprit de vengeance Δ! Que le justicier s'efface, que le savant continue la paisible exploration des mers Δ! Si sa destinée est étrange, elle est sublime aussi Δ. Ne l'ai-je pas compris par moi-même Δ? N'ai-je pas vécu dix mois de cette existence extranaturelle Δ? Aussi, à cette demande posée, il y a six mille ans, par l'Écclésiaste Δ: "Qui a jamais pu sonder les profondeurs de l'abîme Δ?" Deux hommes entre tous les hommes ont le droit de répondre maintenant Δ. Le capitaine Nemo et moi Δ. » (Jules Verne, *Vingt mille lieues sous les mers.*)

2.

a) « Les machines voraces mangent du feu, ce fer éclatant, le broient, le coupent, le scient, l'aplatissent, le filent, le tordent, en font des locomotives, des navires, des canons, mille choses diverses, fines comme des ciselures d'artistes, monstrueuses comme des œuvres de géants et compliquées, délicates, brutales, puissantes. »

b) Les machines voraces mangent du feu, ce fer éclatant,
> « fer éclatant » est une apposition à « feu ».

le broient, le coupent, le scient, l'aplatissent, le filent, le tordent,
> virgules nécessaires pour séparer les verbes.

en font des locomotives, des navires, des canons, mille choses diverses,
> virgules nécessaires pour séparer les noms d'objets.

fines comme des ciselures d'artistes, monstrueuses comme des œuvres de géants
et compliquées, délicates, brutales, puissantes.
> virgules nécessaires pour séparer les adjectifs épithètes de « choses ». Après
« géants », pas de virgule puisque celle-ci est remplacée par la coordination « et ».

Guillemets, tirets, parenthèses…

Guillemets, tirets, parenthèses

Les guillemets (du nom propre « Guillemet » ou « Petit Guillaume », imprimeur, qui les inventa) sont des doubles chevrons, entrant («) ou sortant (»), qui ont plusieurs fonctions :

- Encadrer une citation.
- Rapporter des paroles.

L'intrépide La Rochejaquelein s'écria : « Mes amis, si j'avance, suivez-moi ; si je recule, tuez-moi ; si je meurs, vengez-moi ! »

- Mettre en évidence un ou plusieurs mots.

Un bon « tiens » vaut mieux que deux « tu l'auras ».

Les tirets (plus longs que les traits d'union) ont deux emplois :

- Soit isoler une explication, qui paraît nécessaire dans la phrase, mais qui n'en fait pas partie.

« L'homme – on ignorait son identité – habitait les locaux désaffectés de l'usine. »

- Soit marquer le changement d'interlocuteur dans un dialogue :

Au cours de la conversation, le loup remarque sur le cou du chien la trace du collier : « Qu'est-ce là ? lui dit-il. – Rien. – Quoi ? rien ? – Peu de chose » (La Fontaine).

Les parenthèses encadrent une explication, une remarque ; elles isolent une réflexion qui vient couper le récit :

« Un songe (me devrais-je inquiéter d'un songe ?)

Entretient dans mon cœur un chagrin qui le ronge » (Racine).

L'apostrophe

L'apostrophe est une virgule placée en haut et à droite d'une lettre. L'apostrophe remplace une voyelle « élidée », c'est-à-dire supprimée. Trois voyelles peuvent être élidées, *a*, *e*, *i*.

Ces voyelles sont *celles du mot qui prend l'apostrophe*, non celles du mot qui suit. Ainsi : « *la* automobile » devient *l'automobile*, par suppression (élision) du *a* de l'article *la*.

« **De** esprit » devient *d'esprit* : « Ah ! il s'agit bien d'esprit ! »

L'élision ne se fait pas devant un h aspiré : « la haute montagne ».

L'élision peut se *faire à l'intérieur* d'un mot : « quelqu'un », « aujour-d'hui » ou d'un verbe : « s'entr'apercevoir », « s'entr'égorger ». Parfois cette apostrophe disparaît : un entracte.

Cas particuliers d'élision et d'apostrophe

Lorsque, quoique, puisque suppriment leur *e* final devant : il(s), elle(s), on, un, une, en ; dans les autres cas l'apostrophe n'est pas souhaitable, mais on peut l'utiliser.

Lorsque Ahmed viendra, **lorsqu'il** viendra, **puisqu'il** doit venir.

Quelque ne prend l'apostrophe que dans « quelqu'un, quelqu'une ».

« **Quelqu'un** m'a volé le *quelque* argent que j'ai durement gagné. »

Presque ne prend une apostrophe que dans le terme « presqu'île ».

Jusque s'élide normalement devant une voyelle, cependant il peut[1] remplacer l'apostrophe par un *s dans l'expression « jusques à quand »*.

L'élision ne se fait pas devant un *h* aspiré (Hugo, Henri, une hyène…).

Elle ne se fait pas devant certains mots : oui, huit, onze, huitième, onzième, ululer, ululement, et la plupart des noms commençant par un *y,* comme yacht, yankee, yaourt, etc.

Dans le langage parlé, le *u* de « tu » saute souvent, remplacé par une élision.

Si l'on **écrit** ce langage parlé, on est obligé d'utiliser des apostrophes.

D'ailleurs le langage parlé multiplie les élisions non autorisées par les grammairiens.

L'élision étant un phénomène « phonique », puisqu'elle se marque d'abord dans la prononciation, on peut y joindre l'étude des **liaisons**, qui sont aussi des faits de prononciation.

La liaison

Elle consiste à lier la sonorité d'une consonne terminant un mot à la voyelle qui commence le mot suivant : « Allons enfants » > Allonzenfants.

Les consonnes « aimant se lier » avec des voyelles sont principalement le *s*, le *t* et le *r* qui termine l'infinitif des verbes.

Mais d'autres consonnes n'échappent pas à cette attirance, comme le *p* dans « trop aimable », le *d* dans « grand effort », le *g* dans « sang et eau », etc.

---

1. Il peut : ce n'est pas une obligation. « Jusqu'à quand » est tout à fait autorisé.

On remarque que :

s et *x* se prononcent *z* : « le deux avril ».

d se prononce *t* : « un grand homme[1] ».

g se prononce *k* : « un long oubli ».

Le trait d'union

Le trait d'union permet de réunir plusieurs mots pour former un mot nouveau, uni dans la prononciation mais séparé en plusieurs éléments indissociables dans l'écriture.

Un chef-d'œuvre, un monte-en-l'air (cambrioleur acrobate !), un boute-en-train.

Attention !

Les noms composés ne prennent pas tous de traits d'union.

Le trait d'union s'impose :

Quand le nom composé commence par « demi », « mi », et « nu ».

« Ne sors pas nu-tête au soleil ! »

- Quand il commence par les préfixes « après, arrière, avant, contre, entre, extra, sans, sous, ultra, vice ».

« Le vice-président apparut sur l'estrade. »

Attention !

Le préfixe **se soude** parfois au mot qui le suit : un portemanteau (alors qu'on écrit un porte-monnaie), un contrecoup (alors qu'on écrit le contre-pied).

---

1. Le *h* de « homme » est muet. Quand le h est aspiré, la liaison ne se fait jamais : « des hamsters, un handicap ».

On trouve encore le trait d'union :

- Dans certains **noms propres**.

Mantes-la-Jolie, la Grande-Bretagne, le Val-de-Marne.

- Entre les prénoms.

François-René de Chateaubriand.

- Dans des **adjectifs** et des **pronoms** composés.

Moi-même, eux-mêmes, ce mois-ci, ceux-là.

- Dans une **phrase interrogative ou exclamative**, entre le verbe et le pronom complément.

« Dors-tu ? », « Va-t'en ! », « Dis-le-lui. »

- Dans l'écriture de certains **nombres**.

Dix-huit, quatre-vingt-dix-neuf.

- Dans certaines **locutions** invariables : avant-hier, pêle-mêle… et particulièrement quand on joint à un nom le mot « né ».

Un artiste-né.

- Après les mots « **non** » et « **quasi** », suivis d'un nom ou d'un infinitif.

Un non-lieu, une fin de non-recevoir.

Mais on écrira : un fait *non avenu*, et *non seulement* (avenu et seulement ne sont pas des noms).

Un quasi-contrat, un quasi-délit.

Mais, « il est quasi mort » (mort est ici adjectif), « il ne vient quasi jamais ».

Attention ! Pas de trait d'union

a) Dans les expressions contenant le mot « **tout** » : « tout à fait », « tout à coup », « tout d'un coup », « tout à l'heure ».
b) Lorsque la particule « en » est jointe aux mots « dedans, dehors, dessus, dessous » : en dehors, en dedans.
c) Dans les noms propres composés d'un prénom, d'un article et d'une épithète, comme : Alexandre le Grand, Rackham le Rouge, Louis le Hutin (c'est-à-dire « le Querelleur »).
d) Lorsque le préfixe est **soudé** au mot qui le suit : « un hypermarché, un trajet suburbain, il est archifou, une piqûre intraveineuse ».

Temps 2

S'ENTRAÎNER

C'est à vous !

1. Dans le texte suivant, de Guy de Maupassant, rétablissez tous les signes de ponctuation.

« Juste en ce moment on adjugeait un perroquet un perroquet vert à tête bleue qui regardait tout ce monde d'un air mécontent et inquiet

Trois francs criait le vendeur un oiseau qui parle comme un avocat trois francs

Une amie de Patin lui poussa le coude

Vous devriez acheter çà vous qu'êtes riche dit elle Ça vous tiendrait compagnie il vaut plus de trente francs c't oiseau là Vous le revendrez toujours ben vingt à vingt cinq

Quatre francs mesdames quatre francs répétait l'homme Il chante vêpres et prêche comme M le curé C'est un phénomène un miracle

La Patin ajouta cinquante centimes et on lui remit dans une petite cage la bête au nez crochu qu'elle emporta »

2. Écrivez le mot entre parenthèses en utilisant l'apostrophe si elle s'impose.

La Fontaine s'est inspiré des fables (de) Ésope. Nous souhaitons (que) il s'en aille, avant (que) Antoine revienne. Avancez (jusque) ici, et pas plus loin. Mon baromètre, (lorsque) il annonce un changement de temps, se trompe rarement. (Lorsque) en 1914 la guerre éclata… (puisque) on veut nous faire croire que… (quoi que) on dise, vous ne croyez personne.

3. *Remplacez les points entre crochets par le mot **presque** ou **quelque**.*

J'ai […] achevé ma lecture. Un jean […] usé. Je ne suis pas Crésus, adressez votre demande à […] autre sponsor. Dans les mots de l'accusé on trouve […] apparence de regret.

4. *Devant les noms proposés, placez l'article **le** ou **la**, élidé ou non selon que la consonne **h** est muette ou aspirée.*

Habileté, habit, habitant, hachis, haillon, haleine, halle, hâle, halte, hangar, harmonium, harpon, hautbois, havresac, hectare, hémicycle, hennissement, hérésie, héritier, hermine, hernie, héroïne.

5. *Placez les traits d'union qui s'imposent ou qui se justifient.*

Un arc en ciel, mon vis à vis, retournez là bas sur le champ, une demi heure, à mi chemin, une voûte semi circulaire, par un bel après midi, l'arrière garde se battit à Roncevaux, le messager avant coureur de la défaite fut tué par le Roi des Rois, la contre attaque réussit au delà de toute espérance, un yaourt extra léger, un sans gêne désarmant, les ultra royalistes se réunirent sur les marches de l'église Saint Roch, le vice roi des Indes, un non lieu, un non événement.

 *Temps 3*

S'AMÉLIORER

1. « Juste en ce moment, on adjugeait un perroquet, un perroquet vert à tête bleue, qui regardait tout ce monde d'un air mécontent et inquiet.

— Trois francs ! criait le vendeur ; un oiseau qui parle comme un avocat, trois francs !

Une amie de Patin lui poussa le coude :

— Vous devriez acheter ça, vous qu'êtes riche, dit-elle. Ça vous tiendrait compagnie ; il vaut plus de trente francs, c't oiseau-là. Vous le revendrez toujours ben vingt à vingt-cinq !

— Quatre francs ! Mesdames, quatre francs ! répétait l'homme. Il chante vêpres et prêche comme M. le curé. C'est un phénomène… un miracle !

La Patin ajouta cinquante centimes, et on lui remit dans une petite cage, la bête au nez crochu qu'elle emporta. »

2. La Fontaine s'est inspiré des fables (d')Ésope. Nous souhaitons (qu')il s'en aille, avant (qu')Antoine revienne. Avancez (jusqu')ici, et pas plus loin. Mon baromètre, (lorsqu')il annonce un changement de temps, se trompe rarement. (Lorsqu')en 1914 la guerre éclata… (Puisqu')on veut nous faire croire que… (Quoi qu')on dise, vous ne croyez personne.

3. J'ai **presque** achevé ma lecture. Un jean **presque** usé. Je ne suis pas Crésus, adressez votre demande à **quelque** autre sponsor. Dans les mots de l'accusé on trouve **quelque** apparence de regret.

4. L'habileté, l'habit, l'habitant, **le** hachis, **le** haillon, l'haleine, **la** halle, **le** hâle, **la** halte, **le** hangar, l'harmonium, **le** harpon, **le** hautbois, **le** havresac, l'hectare, l'hémicycle, **le** hennissement, l'hérésie, l'héritier, l'hermine, **la** hernie, l'héroïne.

5. Un arc-en-ciel, mon vis-à-vis, retournez là-bas sur-le-champ, une demi-heure, à mi-chemin, une voûte semi-circulaire, par un bel après-midi, l'arrière-garde se battit à Roncevaux, le messager avant-coureur de la défaite fut tué par le Roi des Rois, la contre-attaque réussit au-delà de toute espérance, un yaourt extra-léger, un sans-gêne désarmant, les ultra-royalistes se réunirent sur les marches de l'église Saint-Roch, le vice-roi des Indes, un non-lieu, un non-événement.

Les accents, trémas et cédilles, les majuscules

Temps 1

Dans notre système de signes graphiques, la même lettre peut représenter plusieurs sons.

Le *c*, par exemple, a trois prononciations : *k* (caramel, raconter), *s sourd* (ce, cirage), *g* (seconder). Sans compter avec le *ç*, cette cédille, qui a la vertu d'adoucir en *s* la prononciation qui devrait être en *k* de *c* + *a, o, u, ou* (comme dans car, court, cube).

Ensuite, un même son peut être rendu par plusieurs lettres ou combinaison de lettres :

Le son *an*, peut être rendu par *an, am, en, em, ean, aon, aen* : le **tan** (produit végétal, qui sert au « tannage » des peaux), **ambigu, enlever, emmener, Jean, paon, Caen.**

Les accents

Les accents ne sont pas les derniers à nous poser des problèmes. Ainsi on ne pourrait arriver à une orthographe phonétique sans ajouter de nouveaux signes. Regardez ce vers de Lamartine en texto amélioré (pour la compréhension de tous) :

Mè la natur éla kit invité ki tem

Les accents étaient inconnus dans l'ancien français. Ce sont les *imprimeurs* du XVIᵉ siècle qui, par besoin de clarté dans les textes, ont inventé quelques-uns de ces **signes**. Le XVIIᵉ siècle, puis le XVIIIᵉ en ont réglementé l'usage et en ont créé de nouveaux.

Accent aigu, accent grave

L'accent **aigu** indique le *e* fermé (é), comme dans été, charité.

Des herbes foulées, une allée, les foins coupés et engrangés.

> **Attention !**
>
> Pas d'accent aigu si le e fermé est suivi d'un **d**, d'un **r**, d'un **f**, ou d'un **z** à la fin du mot : un **pied, chanter,** une **clef, regardez** ! Un cache-**nez**.

L'accent **grave** indique le *e* ouvert (è), comme dans mère, chèvre.

Un procès, du succès.

Mais l'accent grave peut également se mettre sur le *a* et sur le *u*, sans en modifier la prononciation.

Déjà, en deçà, par-delà, holà, voilà.

> **Attention !**
>
> Pas d'accent grave sur **cela**.

L'accent grave permet également d'éviter à l'écrit la confusion avec un homonyme.

à et a, là et la, çà et ça, où et ou.

Accent circonflexe

L'accent circonflexe peut se rencontrer sur toutes les **voyelles** sauf *y*, donc sur *a, e, i, o, u*. En règle générale l'accent circonflexe surplombe une voyelle « longue ».

Si l'on considère la **durée de prononciation** des voyelles, on distingue des voyelles longues et des voyelles brèves. Ainsi, *a* est long dans **pâte** (*cf.* l'italien *pasta*), et bref dans **patte**. L'allongement de la voyelle vient souvent d'une lettre ancienne qui a disparu, un *s*, ou un *e* muet.

Exemples de voyelles longues portant l'accent circonflexe : tête, côte, mûr, cône. Le mot qui porte un tel accent ne le communique pas nécessairement aux autres mots de sa famille. Cône porte un accent mais pas « conique ». Côte, mais pas « coteau ». Diplôme, mais pas « diplomatie ». Extrême, mais pas « extrémité ».

Règles pratiques

1. Si le nom a donné naissance à un adjectif qui porte un *s* au milieu (comme « forestier », « hospitalier »), il prend l'accent circonflexe : *forêt/hôpital*.

Si une ancienne forme du nom prend un *s* au milieu (comme « hostellerie »), le mot actuel adopte un accent circonflexe : *hôtellerie, hôtel.*

2. L'accent circonflexe distingue certains homonymes :
la *tâche* journalière/une *tache* sur ma robe !

3. Il coiffe le a du suffixe **atre** : une teinte *bleuâtre* remplissait maintenant le ciel.

4. Il surplombe le *i* du radical des verbes en **aitre** et en **oitre** quand il est suivi du *t* du radical : *il disparaît, il disparaîtrait, il paraît, il paraîtra.*

5. On le trouve dans certaines terminaisons verbales : au passé simple, première et deuxième personnes du pluriel : « nous partîmes de bon matin » > subjonctif imparfait, 3e personne du singulier.

6. Un « dicton » de mémorisation sur le *i* avec et sans accent circonflexe :
« Le chapeau de la cime est tombé dans l'abîme ! »

Tréma et cédille

Le tréma indique que la lettre qu'il surplombe se prononce séparément de la voyelle qui la suit ou qui la précède.

« Aigue » se prononce ai-gue, dans « *aigue-marine* », nom d'une superbe pierre précieuse.

Une flèche aiguë. « Aiguë » se prononce ai/gu, en raison du tréma sur le *e*.

Le tréma se met, la plupart du temps, sur la **deuxième voyelle**.

Dans certains noms propres, la seconde voyelle est un *e* qui ne se prononce pas.

Madame de Staël, le musicien Saint-Saëns.

La **cédille** se place sous le *c* devant *a, o, u* pour « avoir le son *se* ».

Retenons trois exemples : façade, maçon, reçu.

Exceptions : « cæcum » et « cœlacanthe » qui gardent le son *se* sans cédille devant a ou o, mais on notera :

1. que dans ces mots, le *a* et le *e*, ou le *o* et le *e* sont « *pris l'un dans l'autre* » (ce qui n'apparaît pas nécessairement dans le traitement de texte) ;
2. qu'il s'agit de *mots savants*, soit du vocabulaire médical (le « cæcum » est l'extrémité sans issue du gros intestin. *Caecus* signifie « aveugle » en latin), soit du vocabulaire scientifique (un « cœlacanthe » est un poisson osseux qui pourrait bien être l'intermédiaire entre les poissons et les êtres qui vivent hors de l'eau).

Les majuscules

Tout le monde sait que l'alphabet français compte 26 lettres. Selon les proportions qu'on leur donne dans l'écriture, mais également selon le dessin qu'elles adoptent, on distingue les « minuscules » et les « majuscules » ou capitales.

Prennent une **majuscule** :

a) Les **noms propres**.

M. Dupont, la France, les Français, les Strasbourgeois.

Attention !

Les particules « de » ou « d' » d'un nom propre ne portent pas de majuscule : le général de Gaulle.

b) Le **premier mot** d'une phrase, d'un vers, après un point ordinaire, après un point d'exclamation, d'interrogation, de suspension, *quand ils terminent la phrase.*

c) Les noms qui désignent **Dieu** dans une religion ou une philosophie.

L'Être suprême, Vishnou, le Bouddha, le Messie, l'Éternel, le Père, le Tout-Puissant, le Seigneur, la Providence.

> **Remarque**
>
> À ces noms, on peut joindre ceux des divinités mythologiques (*Jupiter*, *Vénus*...) et les abstractions personnalisées par la poésie (les *Furies*, l'*Envie*, la *Conscience*, etc.), ainsi que le nom des étoiles, des planètes, des constellations (la *Lune*, la *Terre* – prises comme des objets du cosmos).
>
> *Mais* : « La terre colle encore à ses bottes ! », « M. de la Souche se retira sur ses terres. »

d) Les noms de **fêtes** civiles ou religieuses.

La fête de l'Armistice, le Jour des Morts, la Toussaint, le Carême, le Ramadan.

e) Le mot qui suit **l'ouverture des guillemets**, pour n'importe quelle phrase qu'on cite ou qu'on rapporte.

Ma cousine m'a dit : « Cet été nous allons à la montagne. »

f) Après un tiret dans un dialogue.

« Vous n'avez pas de chance, dites-vous ?
– Bien sûr ! Chaque fois que je gagne au loto, il pleut ! »

À noter :

1. Monsieur et madame prennent une majuscule quand on s'adresse à la personne elle-même : « Bonjour, Monsieur, bonjour Madame Dupont. » Mais : « Ce monsieur Dupont m'a l'air sympathique. »
L'abréviation de « monsieur » est M. (Et non Mr, utilisé parfois pour Monseigneur.) Autres abréviations : MM (messieurs), Mme, Melle, Mmes, Mlles, Me (pour Maître).

2. Les mots importants composant le titre d'un livre ou d'un film peuvent prendre une majuscule : *Les Illusions Perdues, La Grande Vadrouille.*

3. Les noms de jours et de mois ne prennent pas de majuscule : Ce dimanche 23 mars était le jour de Pâques.

4. L'adjectif prend une majuscule quand il est intimement joint au nom qu'il accompagne : La Comédie Française, Charles le Téméraire, la ville de Saint-Cloud.

Attention !

Pas de majuscule à « saint » quand cet adjectif qualifie le saint lui-même : « On a chanté la légende de saint Nicolas, le martyre de saint Pierre. »

5. Dans les dénominations **géographiques**, c'est l'adjectif qui prend la majuscule.

Le mont Blanc, le lac Majeur, le golfe Persique, le cap Vert.

Temps 2

S'ENTRAÎNER

C'est à vous !

*1. Accents : ces mots prennent-ils un accent circonflexe ? Si **oui**, mettez-le…*

Abime, abimer, atome, acre, à l'affut, age, ainé, albatre, alcove, allo, amphithéatre, ancetres, aout, appat, apre, arome, aromatiser, arret, atre, aumone, aussitot.

Bacler, bailler, baillon, bareme, le bat d'un ane, batir, beret, blaspheme, baton, belement, bete, blame, bleme, une boite, boiter, boiteux, bruler, une breche, bucher.

Cable, calin, chaine, creme, la crue de la Seine, de la viande crue, il m'a cru, les Huns montaient à cru leurs petits chevaux, chataignier, chateau, chatiment, chene, chomage, chalet, chapitre, chute, cloitre, cote, la Cote d'Opale, a cote, chute, chrysantheme, cime, coteau, coutume, creche, le veuf portait un crepe au bras gauche, la crepe de la chandeleur, une croute, un cyclone, un cru coté, il me croit, le lierre croit sur le mur, un texte de mon cru.

2. *Replacez le tréma qui a été volontairement omis dans les noms ou les adjectifs suivants.*

Aieul, aieux, aioli, alcaloide, une attitude ambigue, un androide, un anthropoide, une bureaucratie archaique, l'ambiguité de cette remarque, l'archaisme de ce mode de vie, un astéroide, la force des baionnettes, une balalaika, le bonsai demande des soins attentifs, un caid, le caiman peut atteindre six mètres de long, dans la tombe l'œil regardait Cain, un canoe, un véritable capharnaum, les Caraibes, Socrate but la cigue, deux kilos de cocaine, quelle coincidence !, le coit, la pièce contigue, un corticoide, le dalai-lama, une scie égoine.

3. *Dans les mots suivants, correctement orthographiés parfois le **c** se prononce **se** (prononciation du **s** sourd). Certains d'entre eux portent une cédille, les autres non. Pourquoi ? Classez-les dans le tableau d'explication prévu.*

Mots correctement orthographiés :

cidre/cadre/caleçon/cigogne/citoyen/commencement/je commençais/cygne/cæcum/face/incoercible/poinçon/pinçon/gerçure/rinçage/limaçon/français/cæsium (métal très rare)/façon/faucon/flocon/garçon/hameçon/cœlacanthe/maçon/pince/racine/forçat/François/leçon/percer/rançon/rancune/enfoncer/poinçonner/cœliaque (qui appartient aux intestins : artère cœliaque)/recevoir/il reçoit/concevoir/il conçut/coercition/il recule/il reçut/il avance/il avança/tu plaçais/il vécut/vocifération/un reçu.

Tableau d'explication

a) Le c se prononce *k*. Mots concernés : cadre…

b) Le c se prononce *se*, mais se trouve devant une autre voyelle que *a*, *o*, *u* > cidre…

c) Le c se prononce *se*, il se trouve bien devant un a ou un o, et cependant il ne prend pas de cédille > cæcum…

d) Le *c* se prononce *se*, il s'orne d'une cédille parce qu'il est placé devant un *a* > rinçage…

e) Le ç est placé devant un *o* > caleçon…

f) Le ç est placé devant un *u* > gerçure…

4. *Rétablissez les majuscules, là où on les a omises.*

« Pour venir à bout des contradictions des évangiles – lesquels disent tantôt qu'il faut rendre à césar ce qui est à césar, et tantôt que sera lié dans le ciel tout ce que le chef de l'église liera sur la terre – le grand thomas d'aquin, dans sa somme théologique, clef de voûte du moyen âge chrétien, a nettement tranché : "le droit divin n'abolit pas le droit humain." […] ce qui signifie dans l'esprit de certains commentateurs que les indiens d'amérique ont un droit humain sur leurs terres, qu'ils en sont légitimement les propriétaires et qu'aucune décision pontificale ne peut les priver de ce droit, même au nom du christ. »

Jean-Claude Carrière, *La Controverse de Valladolid*

 *Temps 3*

SE CORRIGER

1. Plutôt que de corriger ligne à ligne cet exercice, nous préférons vous donner deux listes plus faciles à examiner et à mémoriser.

Liste 1 : prennent l'accent

Abîme, âcre, à l'affût, âge, aîné, albâtre, alcôve, allô, amphithéâtre, ancêtres, août, appât, âpre, arôme, aussitôt.

Bâcler, bâiller, bâillon (et dérivés), le bât d'un âne, bâtir, bâton, bêlement, bête, blâme, blême, une boîte, brûler, bûcher.

Câble, câlin, chaîne, châle, châtaignier, château, châtiment, chêne, chômage, cloître, côte, côté, crâne, crêpe, crête, croûte, croître.

Liste 2 : ne prennent pas l'accent

Atome, aromatiser.

Barème (du nom d'un certain M. Barème, inventeur de tableaux de chiffres), bateau, béret, blasphème, boiteux, brèche.

Chalet, chapitre, chèvre, chute, chrysanthème, cime, coteau, coutume, crèche, crème, il m'a cru, une crue de la Seine, cru (pas cuit), monter « à cru » : monter un cheval sans mettre de selle, un cyclone.

2. Nous avons replacé le tréma volontairement omis dans certains noms ou adjectifs.

Aïeul, aïeux, aïoli, alcaloïde, une attitude ambiguë, un androïde, un anthropoïde, une bureaucratie archaïque, l'ambiguïté de cette remarque, l'archaïsme de ce mode de vie, un astéroïde, la force des baïonnettes, une balalaïka, le bonsaï demande des soins attentifs, un caïd, le caïman peut atteindre six mètres de long, dans la tombe l'œil regardait Caïn, un canoë, un véritable capharnaüm, les Caraïbes, Socrate but la ciguë, deux kilos de cocaïne, quelle coïncidence !, le coït, la pièce contiguë, un corticoïde, le dalaï-lama, une scie égoïne.

3. Dans les mots suivants, correctement orthographiés **parfois le *c* se prononce *se*** (prononciation du *s* sourd). Certains d'entre eux portent une cédille, les autres non. Pourquoi ? Nous les avons classés dans le tableau d'explication prévu.

Tableau d'explication :

a) Le *c* se prononce *k*.

Cadre, **ca**leçon, **co**mmencement, in**co**ercible, fau**con**, flo**con**, **cœ**lacan**t**he, ran**cu**ne, **con**cevoir, **con**çut, **co**ercition, re**cu**le, vé**cut**.

b) Le *c* se prononce *se*, mais se trouve devant une autre voyelle que *a*, *o*, *u*.

Cidre, cigogne, citoyen, face, incoer**ci**ble, pince, racine, percer, enfoncer, recevoir, concevoir, coer**ci**tion, il avance, vocifération.

c) Le *c* se prononce *se*, il se trouve bien devant un *a* ou un *o*, et cependant il ne prend pas de cédille.

Cæcum, cæsium, cœlacanthe, cœliaque.

d) Le *c* se prononce *se*, il s'orne d'une cédille parce qu'il est placé devant un *a*.

Rinçage, français, forçat, il avança, tu plaçais.

e) Le *ç* est placé devant un *o*.

Cale**çon**, poinçon, pinçon, limaçon, façon, garçon, hameçon, maçon, François, leçon, rançon, poinçonner, il reçoit.

f) Le *ç* est placé devant un *u*.

Gerçure, il reçut, un reçu.

4. Les majuscules ont été rétablies selon le texte original.

« **Pour** venir à bout des contradictions des **Évangiles** – lesquels disent tantôt qu'il faut rendre à **César** ce qui est à **César**, et tantôt que sera lié dans le **Ciel** tout ce que le chef de l'**Église** liera sur la **Terre** – le grand **Thomas d'Aquin**, dans sa *Somme théologique*, clef de voûte du **Moyen Âge** chrétien, a nettement tranché : "**Le** droit divin n'abolit pas le droit humain." [...] **Ce** qui signifie dans l'esprit de certains commentateurs que les **Indiens d'Amérique** ont un droit humain sur leurs terres, qu'ils en sont légitimement les propriétaires et qu'aucune décision pontificale ne peut les priver de ce droit, même au nom du **Christ**. »

Jean-Claude Carrière, *La Controverse de Valladolid*

Boîte à outils :
les pièges de l'orthographe (1)

 *Temps 1*

RAFRAÎCHIR SES CONNAISSANCES

Prêt ou près

« Nous habitons **près** de la gare. Le TGV de 15 heures est **prêt** à partir. »

On écrit « prêt » quand on peut mettre ce mot au féminin :

« La locomotive est **prête** à démarrer. »

Plutôt ou plus tôt

« **Plutôt** que de courir, le lièvre de la fable batifolait dans l'herbe. Ah ! s'il était parti **plus tôt** ! »

On écrit « plus tôt » en deux mots, quand on peut le remplacer par « plus tard ». (La phrase change de sens, mais elle reste compréhensible.)

« Le lièvre est arrivé plus tard qu'il ne le pensait. »

A sans accent ou à accent grave

« Il **a** fait du vélo **à** la campagne. »

On écrit *a* sans accent, quand on peut le remplacer par « avait ».

(En effet, dans les deux cas, « a » ou « avait », il s'agit du verbe avoir.)

Le premier a est sans accent (verbe avoir), le deuxième est la préposition *à* : on ne peut pas dire « avait la campagne ».

Aux devant un nom féminin

« Une robe **aux** *broderies* somptueuses », « La rivière **aux** mille *cascades.* »

Aux s'écrit toujours avec un x devant un nom féminin.

Peu ou peut

« **Peu** chargé, l'âne qui porte des reliques, dresse fièrement la tête, nous raconte La Fontaine. En revanche, Cadichon le bourricot, avec ses deux paniers chargés de légumes, n'en **peut** plus. »

On écrit « peut » avec un *t*, quand on peut le remplacer par « pouvait ».

Si le remplacement n'est pas possible, écrire « peu » sans *t*.

Quelques expressions avec « peu » (sans *t*) :

Peu à peu, à peu près, très peu, bien peu, sous peu, vivre de peu, un homme de peu (c'est-à-dire de petite condition sociale), tant soit peu, etc.

Parce que ou par ce que

En trois mots quand on peut remplacer par « par la chose que ».

On ou ont

On écrit « ont » quand on peut le remplacer par « avaient » (« ont » et « avaient », c'est le même verbe : avoir).

« Ils ont de la chance » > ils avaient de la chance.

On écrit « on » quand on peut le remplacer par « il » ou par « un homme » (« on » vient du latin *homo* qui signifie « un homme »).

« On dit qu'autrefois la mer arrivait jusqu'au château. » > un homme, un conteur, dit qu'autrefois…

Mais « on » peut remplacer un collectif, « nous », « ils » (au pluriel). Dans ce cas essayons le collectif :

« On écoutait bien tranquillement de la musique quand soudain… » > nous écoutions…

Ces ou ses

Adjectif démonstratif ou adjectif possessif ? De toute façon ils sont placés devant un **nom** qu'ils déterminent…

On écrit « ses » quand on peut ajouter après le nom « à lui » ou « à elle », marquant ainsi la possession.

« La mère morigénait ses enfants. » > ses enfants **à elle**, les siens, pas ceux de la voisine !

Ma ou m'a/ta ou t'a

On écrit « m'a » en deux mots quand on peut dire « m'avait ».

« Mon père m'a dit de remplacer l'ampoule dans le garage. » > Mon père m'avait dit de…

On écrit « ma » en un seul mot, quand on peut le remplacer par « sa ».

« Ma voiture ne rentre pas facilement dans le garage. » > Sa voiture…

Mon ou m'ont/Ton ou t'ont

La même règle s'applique évidemment.

Même ou mêmes

Écrivez « mêmes » avec un *s* quand vous le trouvez placé *immédiatement* devant un nom *pluriel.*

« Les **mêmes** *causes* entraînent les **mêmes** *effets* ».

« Mêmes » avec un *s* peut aussi faire partie d'un pronom personnel composé *pluriel* auquel il se joint par un trait d'union.

« Les déserteurs **eux-mêmes** m'ont dit fuir les bombardements. »

Dans les autres cas « même » est *invariable* et peut se remplacer par « aussi, également ».

« **Même** ses oublis lui étaient reprochés. » > Ses oublis *aussi* lui étaient reprochés.

Dans cette phrase le mot « même » n'est pas **immédiatement** placé devant le nom pluriel : il reste **invariable**.

« Les aliments présentés à la reine, les gâteaux **même**, étaient empoisonnés. » > les gâteaux *aussi…*
« **Même** ardus, les problèmes doivent être résolus. » > Les problèmes y compris les problèmes ardus, dont *également* les problèmes ardus, doivent être résolus.

Dans cette phrase, « même » n'est pas placé devant un nom, mais devant un adjectif.

Quel : quatre orthographes possibles

Quel s'accorde en genre et en nombre avec le nom auquel il se rapporte.
Au masculin > **quel** ou **quels**.
Au féminin > quelle ou quelles.
Quatre écritures possibles, donc, pour un seul phonème.

« Après le tsunami, **quels** dégâts ! Et **quelle** frayeur s'empara de nous ! »

Avec **quelle** un autre piège !
Quelle en un mot ou **qu'elle** en deux mots.
Qu'elle s'écrit en deux mots quand on peut le remplacer par « qu'il ».

« Quelle superbe mouette ! Essaye de la photographier… Oh ! Voilà qu'elle s'envole ! »
> Voilà qu'il s'envole !

Quand ou quant ou qu'en

On écrit « quand », si on peut le remplacer par « lorsque ».

« Du garage on m'appellera, **quand** la voiture sera prête. » > Lorsque la voiture sera prête.

On écrit « quant » dans les expressions « quant à », « quant aux ».

« **Quant à** moi, je m'en lave les mains ! » > En ce qui me concerne…

> **Attention !**
>
> *Une simple virgule* peut séparer « quand » de « à » ou de « aux », et là il ne s'agit plus de l'expression quant à, quant aux.
>
> Exemple : « Il marchait tranquillement, **quand**, au carrefour, le chien courut vers lui. »

Dans tous les autres cas, on écrit « qu'en » :

« **Qu'en** est-il de ma dissertation ? **Qu'en** pensez-vous, professeur ? »

Temps 2

S'ENTRAÎNER

À vous !

1. Écrivez « même » selon l'orthographe qui convient.

Des fascicules de …… format. Conservez les …… idées. ….. les plus sages ne sont pas infaillibles. Ils ont les ….. défauts, ils soutiennent les ….. opinions. Ils s'attaquent

.... au roi. La mort s'attaque aux rois… Les lois ..... injustes doivent être observées. ..... nos amis nous oublieront. Ces murs ..... ont des oreilles. Ces chansons nous ennuient, on entend toujours les ..... Eux- ..... nous l'ont dit.

2. Écrivez « quel » selon l'orthographe qui convient.

...... est cette personne ? ...... a été son attitude ? ...... beau spectacle ! ...... étrange idée ! ...... cruauté ! À ...... heure viendrez-vous ? ...... temps fera-t-il ? Que la mer soit belle ou ...... soit mauvaise, le marin doit partir. .... que soit l'heure, ... soit matinale ou tardive, l'écrivain qu'une idée originale traverse, devrait la noter. ...... sont les pensées qui t'obsèdent, ... sont les mots qui t'ont blessé ? ...... différents métiers exerce-t-il ? Il ne savait pas encore ...... nombreux déboires l'attendaient ! ...... longueur de tissu prendrez-vous, et sur ...... largeur ? ...... belle journée, ... soleil et ...... belles vagues sur la mer !

 **Temps 3**

SE CORRIGER

1. Écriture de « même » selon l'orthographe qui convient.

Des fascicules de **même** format. Conservez les **mêmes** idées. **Même** les plus sages ne sont pas infaillibles. Ils ont les **mêmes** défauts, ils soutiennent les **mêmes** opinions. Ils s'attaquent **même** au roi. La mort s'attaque aux rois **même**. Les lois **même** injustes doivent être observées. **Même** nos amis nous oublieront. Ces murs **même** ont des oreilles. Ces chansons nous ennuient, on entend toujours les **mêmes**. Eux-**mêmes** nous l'ont dit.

2. Écriture de « quel » selon l'orthographe qui convient.

Quelle est cette personne ? **Quelle** a été son attitude ? **Quel** beau spectacle ! **Quelle** étrange idée ! **Quelle** cruauté ! À **quelle** heure viendrez-vous ? **Quel** temps fera-t-il ? Que la mer soit belle ou **qu'elle** soit mauvaise, le marin doit partir. **Quelle** que soit l'heure, **qu'elle** soit matinale ou tardive, l'écrivain qu'une idée originale traverse, devrait la noter. **Quelles** sont les pensées qui t'obsèdent, **quels** sont les mots qui t'ont blessé ? **Quels** différents métiers exerce-t-il ? Il ne savait pas encore **quels** nombreux déboires l'attendaient ! **Quelle** longueur de tissu prendrez-vous, et sur **quelle** largeur ? **Quelle** belle journée, **quel** soleil et **quelles** belles vagues sur la mer !

Boîte à outils :
les pièges de l'orthographe (2)

 *Temps 1*

RAFRAÎCHIR SES CONNAISSANCES

Quelque(s) ou quelque (invariable)

Voyez si on peut remplacer « quelques » par « plusieurs ». Dans ce cas il faut évidemment un s à « quelques ».

« J'ai **quelques** ennuis avec la grammaire. »

Dans le cas contraire « quelque » reste invariable : il peut avoir deux sens :

- Le sens de « *environ* ».

« La gouttière de l'immeuble a quelque vingt mètres de haut. »

Eh oui ! Dans ce cas il ne faut pas accorder « quelque » avec « vingt mètres », il reste invariable parce qu'il signifie « environ ».

- Le sens de « si » ou de « un certain, une certaine ».

« Ces chasseurs, quelque adroits tireurs qu'ils soient, n'auront pas ma peau », pensa le renard.

Si adroits tireurs qu'ils soient… « quelque », remplacé par « si » est adverbe et donc invariable.

« **Quelque** puissants que vous soyez, Seigneurs… »

« **Quelque** fort qu'ils crient, je reste sur mes positions. »

« On entend du bruit dans le jardin, ce sera **quelque** chien errant. » > Un certain chien errant.

En principe, pas de problème d'orthographe ici, puisque « un certain, une certaine » sont au singulier.

Quelque (en un seul mot) et quel que, quelle que, quels que, quelles que (en plusieurs mots)

« Quel que » s'écrit en deux mots **quand il est suivi du verbe être** ou d'un verbe similaire (paraître, sembler, devenir…) – verbe parfois précédé de *devoir* ou *pouvoir*.

Attention !

« Quel » s'accorde avec le sujet du verbe.

« **Quels** que soient nos *voisins* de palier, il faut bien les saluer. »

« Il faut bien affronter certains dangers **quel** que doive être *le prix* de cette indépendance. »

Et ou est

Pouvez-vous remplacer par « était » ? Si oui, il s'agit du verbe être, écrivez donc « est ».

Pouvez-vous remplacer par « et puis » ? Si oui, il s'agit de la coordination « et ».

« Il a mangé et il est sorti. »

Transformons la phrase en la mettant au passé : « Il avait mangé, **et puis** il **était** sorti. »

On ou on n'

Pour savoir s'il faut ajouter « n' » après « on », remplacez « on » par « il ».

« On n'a pas débarrassé la table. »

Transformons la phrase en utilisant « il » : « Il n'a pas débarrassé la table ». Le « n' » est indispensable pour marquer la négation.

« On a bien ri. »

La phrase transformée est : « Il a bien ri .» > *Pas* de négation, *pas* de « n' ».

Dans ou d'en

Pouvez-vous remplacer par « de » ou « d' » ? Si oui, *on se trouve devant un verbe,* et il faut écrire « d'en ».

« Il vient d'en sortir. » > Il vient **de** sortir.

« Il vient d'en prendre pour dix ans. » > Il vient **de** prendre dix ans de cabane !

« Des haricots ? Il vient d'en manger ! » > Il vient **de** manger…

« Sortir », « prendre », « manger » sont des verbes.

« D'en » se place devant un verbe.

« Dans » dans tous les autres cas.

« Le train part **dans** un quart d'heure. »

Ou et où

Pouvez-vous remplacer par « ou bien » ? Si oui, « ou » s'écrit sans accent.

« As-tu besoin d'une fourchette **ou** d'un couteau ? » >… **ou bien** d'un couteau.

Dans le cas contraire, « où » marque le **lieu**, et porte un accent :

« Voilà le jardin **où** j'ai planté un hortensia. »

Remarque

« Où » précédé de « d' » prend toujours un accent : « *D'où* viens-tu ? »

Attention aux *homonymes* !

« Le mois **d'août** », « **le houx** de Noël, aux baies rouges », « **la houe** du jardinier qui lui sert à biner (ameublir le sol) », « une protestation géante monta du stade : **hou ! hou ! hou !** ».

Temps 2

S'ENTRAÎNER

C'est à vous !

Dans les phrases suivantes, rétablissez les termes manquants (prononcés « quelque »).

a) ...... Optimist bien alignés, pointillaient la mer de leurs couleurs vives. À la jumelle on distinguait ...... jeunes marins sanglés dans leur gilet, sous leur voile en trapèze. Maintenant la plage s'animait : pendant ...... temps des chevaux galopèrent sur le sable. ...... minutes plus tard on vit se dresser le bras du moniteur, ... chevaux ralentirent, ... autres continuèrent sur leur lancée : ...... chose me dit que les jeunes cavaliers n'avaient pas envie d'obéir. Les Optimist, maintenant avaient viré de bord, ... -uns se dirigeaient droit vers la plage, ... autres décrivaient une courbe gracieuse, on aurait dit ...... collier de coquillages égrené sur la mer. Le soir venu, ... cent chalutiers, couronnés de mouettes, reviendront vers le port. À la nuit close, ... invisible pétrolier jettera son cri dans la brume. Il y a ...... soixante ans un vaisseau perdu s'est éventré sur le récif, oui, à ...... trois cents mètres d'ici. On en montre encore ...... vestiges dont une hélice impressionnante qui pèse ...... trois tonnes.

b) Il faut respecter les élus, ... soit la valeur ou la compétence que nous leur attribuons. .... 'en soit la difficulté, j'accomplirai cette tâche. .... soient le prix du livre, sa valeur intellectuelle, son intérêt pour moi, je l'achèterai puisque tu me le conseilles. .... mauvaises que soient vos raisons, ... tristes qu'en soient les conséquences, je suis contraint de les accepter. .... bien informés, ... bons juges que vous les croyiez, ils n'en sont pas moins des hommes qui peuvent se tromper.

 *Temps 3*

SE CORRIGER

Dans les phrases suivantes, on a rétabli les termes manquants :

a) **Quelques** Optimist bien alignés, pointillaient la mer de leurs couleurs vives. À la jumelle on distinguait **quelques** jeunes marins sanglés dans leur gilet, sous leur voile en trapèze. Maintenant la plage s'animait : pendant **quelque** temps des chevaux galopèrent sur le sable. **Quelques** minutes plus tard on vit se dresser le bras du moniteur, **quelques** chevaux ralentirent, **quelques** autres continuèrent sur leur lancée : **quelque chose** me dit que les jeunes cavaliers n'avaient pas envie d'obéir. Les Optimist, maintenant avaient viré de bord, **quelques-uns** se dirigeaient droit vers la plage, **quelques autres** décrivaient une courbe gracieuse, on aurait dit **quelque collier** de coquillages égrené sur la mer. Le soir venu, **quelque** cent chalutiers, couronnés de mouettes, reviendront vers le port (environ cent chalutiers). À la nuit close, **quelque** invisible pétrolier jettera son cri dans la brume. Il y a **quelque** soixante ans un vaisseau perdu s'est éventré sur le récif, oui, à **quelques** trois cents mètres d'ici. On en montre encore **quelques** vestiges dont une hélice impressionnante qui pèse **quelque** trois tonnes.

b) Il faut respecter les élus, **quelle que soit** la valeur ou la compétence que nous leur attribuons. **Quelle qu'en** soit la difficulté, j'accomplirai cette tâche. **Quels que soient** le prix du livre, sa valeur intellectuelle, son intérêt pour moi, je l'achèterai puisque tu me le conseilles. **Quelque** mauvaises que soient vos raisons, **quelque tristes** qu'en soient les conséquences, je suis contraint de les accepter (« quelque », placé devant un adjectif est un adverbe invariable). **Quelque bien** informés, **quelque** bons juges que vous les croyiez, ils n'en sont pas moins des hommes qui peuvent se tromper.

Boîte à outils : les pièges de l'orthographe (3)

 *Temps 1*

RAFRAÎCHIR SES CONNAISSANCES

Son ou sont

Pouvez-vous remplacer par « étaient » ? Si oui, il s'agit du verbe **être**, écrivez donc « sont ».

« Mes invités *sont* partis. » > On peut dire : *étaient partis.*

Pouvez-vous remplacer par « mon » ? Si oui, il s'agit de l'adjectif possessif, écrivez donc « son ».

« *Son* travail consiste à démarcher les clients. » > On peut dire « *Mon travail consiste…* »

Se ou ce

Voyez d'abord si le mot n'est pas devant un **nom**. Si oui, c'est forcément « ce ».

« **Ce** *tableau* de Rubens. » > « Ce » est alors un démonstratif.

Mais « ce » peut aussi se trouver devant un **verbe**. Comment reconnaître s'il faut l'écrire « ce » ou « se » ?

On l'écrit « se » quand on peut mettre devant, « il » ou « elle ».

« Pour venir à leur travail les banlieusards **se** lèvent de bonne heure : **ce** sont des lève-tôt, par obligation. » > « Ils » se lèvent, mais pas « ils se sont » des lève-tôt.

Mes ou mais

Pouvez-vous remplacer par « tes » ou « mon » ? Si oui, il s'agit d'un possessif, il faut écrire « mes ».

« Mes problèmes » > « Tes » problèmes, « Mon » problème.

Tant ou t'en

Pouvez-vous remplacer par « m'en » ? Si oui, il faut écrire « t'en ».

« Tu **t'en** moques ! » > Je **m'en** moque !

Pouvez-vous remplacer par « tellement » ou par « autant » ? Si oui, il faut écrire « tant ».

« **Tant** il a soufflé dans le cor, Roland le neveu de Charlemagne, qu'il s'est rompu la gorge. » > **Tellement** il a soufflé…

> **Attention !**
>
> Il y a d'autres façons d'écrire le son « tan », ce sont des *homonymes* : le temps, un taon, il tend la main, le tan (écorce du chêne réduite en poudre, le « tanin »).

S'en, c'en ou sans

Pouvez-vous remplacer par « m'en » ? Ou pouvez-vous placer « il », devant ? Si oui, écrivez « s'en ».

« J'arrivai en retard, le patron **s'en** aperçut. » > **Il** s'en aperçut.

Pouvez-vous remplacer par « cela » ? Si oui, il faut écrire « c'en ».

« C'en est trop, arrêtez maintenant ! » > **Cela** est trop…

Dans les autres cas écrivez « sans ».

« Je me glissai à ma place **sans** que personne s'en aperçut. »

Attention aux *homonymes* !

Le sang, un cent de graines (100), il sent.

Tes, t'es, t'est, t'ai, taie

« Tes » est un adjectif possessif : on peut donc, sans rendre la phrase incohérente, le remplacer par « mes » :

« Tes désirs deviendront-ils réalité ? » > Mes désirs.

« T'es », « t'est » sont deux formes du verbe **être** : on peut donc, sans rendre la phrase incohérente, les remplacer par « t'étais » ou « t'était » :

« Tu t'es blessé » > Tu t'étais blessé.

« Que t'est-il arrivé ? » > Que t'était-il arrivé ?

« T'ai » est une forme du verbe **avoir**, on peut la remplacer par « t'avais » :

« Ce que je t'ai dit cent fois… » > Ce que je t'avais dit.

« Taie » est un **nom commun** qui désigne une enveloppe de tissu. Ne pas dire « une *tête* d'oreiller ».

Or ou hors

Pouvez-vous remplacer par « en dehors » ? Si oui, écrivez « hors ».

« Nous étions à l'affût, mais l'ours était *hors* de la portée de nos fusils… » > En dehors de la portée (*en dehors* est un adverbe de lieu).

Si non, écrivez « or ».

« Ce champagne, c'est de *l'or* en bulles ! » > Or est ici un **nom**.

« Blanche Neige vit la sorcière. *Or* il se trouvait que cette sorcière était l'amie de la méchante Reine… » > Or est ici une **conjonction de coordination**. Sans changer le sens de la phrase on peut le remplacer par « et ».

Davantage ou d'avantages

« Davantage » signifie « plus » (de quelque chose). Des « avantages » s'opposent à des « inconvénients ».

Faites le remplacement et voyez ce qui convient.

« Si tu bois *davantage* tu ne pourras pas conduire. » > Si tu bois **plus**.

« Je n'ai pas *d'avantages* à vendre trop vite cette voiture. » > Je n'ai pas **d'inconvénients**.

Les, l'es, l'est ou l'ai

Pouvez-vous remplacer par « l'étais » ou « l'était » ? Si oui, il s'agit du verbe être, et il faut écrire « l'es » ou « l'est ».

On écrit « **l'ai** » quand on peut remplacer par « **l'avais** ».

« Je **l'ai** entendu dire. » > je *l'avais* entendu dire.

On écrit « **les** » quand on peut remplacer par « **le** » ou « **la** ».

« Je **les** entends, je **les** regarde. » > On peut dire je *l'entends*, je *le* regarde ou je *la* regarde.

La sonorité « les » se retrouve dans des *homonymes* : du **lait**, un **lé** (petite largeur d'étoffe) une **laie** (femelle du sanglier. Le mot **laie** s'emploie aussi pour désigner un chemin étroit percé dans une forêt), un **legs** (disposition faite par testament au bénéfice d'une personne), un **lai** (petit poème du Moyen Âge. Adjectif, le mot **lai** signifie « laïc » et s'applique, dans un monastère à un frère non-prêtre), enfin l'adjectif **laid**, contraire de beau.

Dès ou des

On écrit « **dès** » (avec un accent grave) quand on peut le remplacer par « aussitôt ».

« Dès que Bébé marche, il ne veut plus rester dans son parc. » > Aussitôt que Bébé marche…

Quelques *homonymes* peuvent être signalés : le **dé** (à jouer), le **dé** (à coudre), un **dais** (sorte de baldaquin ou de pièce d'étoffe tendue au-dessus d'un personnage important, ou d'un objet, pour le protéger. Le mot peut être employé au sens d'abri : *un dais de feuillage*), le **dey** (mot d'origine turque, qui désignait jusqu'en 1830 le gouverneur d'Alger).

Ni ou n'y

Pouvez-vous placer devant cette « sonorité » le mot « il » ou « elle » ?

« **Il** n'y peut rien » ou « **Elle** n'y peut rien » ? Dans ce cas, il faut écrire « **n'y** ».
« *Privé brusquement de sa lampe, le spéléologue **n'y** voyait rien.* » > **Il** n'y voyait rien.

On écrit « ni » en un mot, quand on peut le remplacer par « pas » ou « non plus ».

« Ce bateau ne craint **ni** vents **ni** marées. » > Ce bateau ne craint **pas** les vents, il ne craint pas **non plus** les marées.

Vous avez reconnu « ni » dans la liste que vous avez apprise par cœur des conjonctions de coordination : *mais, ou, et, donc, or, **ni**, car.*
« Ni » est souvent répété deux fois, marquant ainsi le parallélisme et l'opposition :

« **Ni** l'or **ni** la grandeur ne nous rendent heureux. »

Temps 2

S'ENTRAÎNER

C'est à vous !

Justifiez l'orthographe du mot en gras, en modifiant la phrase selon l'astuce proposée.

« *En août les rues de la ville **sont** calmes, les commerçants **sont** en vacances, il est difficile de trouver **son** pain et **son** journal aux endroits habituels.* » > *En août les* *rues de la ville* **étaient** *calmes, les commerçants* **étaient** *en vacances, il était diffi-cile de trouver* **mon** *pain et* **mon** *journal aux endroits habituels.*

1. Dans notre jardin, qu'ils **sont** heureux les chiens et les chats ! Ils **sont** libres de jouer, ils **sont** nourris, ils **sont** soignés. Seul le grincheux Hercule, le plus ancien locataire, trouve **son** plaisir à mordre ses copains, **son** pedigree n'est cependant pas excep-tionnel, **son** poil est hirsute, **son** œil voilé, **son** aboiement éraillé.

2. **Ce** film est magnifique. L'action **se** déroule en pleine mer, là où d'habitude il ne **se** passe rien. Un navire pirate surgit, des hommes masqués **se** hissent jusqu'au pont, **se** font livrer les objets précieux, et **se** retirent en emportant une mystérieuse valise. **Ce** n'est que le début d'un suspense qui **se** développe pendant deux heures de **ce** spectacle qui dure 125 minutes : c'est dire qu'on ne s'ennuie pas.

3. **Mes** enfants étaient agriculteurs **mais** ils se sont spécialisés dans le bio : je leur ai donné **mes** ruches et **mes** abeilles ; ils éprouvaient une certaine crainte, **mais** main-tenant **mes** enfants ont amélioré leur niveau de vie.

4. Il y a **tant** de raisons d'être heureux ! Ne **t'en** prive pas sous prétexte que ta vie est simple, le bonheur est simple ! **Tant** de merveilles nous entourent, **tant** de beauté, **tant** d'amour ! Sache les apprécier, tu **t'en** trouveras plus épanoui, et ton action **s'en** ressentira.

5. Il **s'en** va le temps des rires et des chansons, **c'en** est fini de l'insouciance, je ne veux plus vivre **sans** responsabilités pensa Juliette, ce matin-là.

 *Temps 3*

SE CORRIGER

1. Dans notre jardin, qu'ils **étaient** heureux les chiens et les chats ! Ils **étaient** libres de jouer, ils **étaient** nourris, ils **étaient** soignés. Seul (moi, le chien), le grincheux Hercule, le plus ancien locataire, **trouvais mon** plaisir à mordre mes copains, **mon** pedigree n'est cependant pas exceptionnel, **mon** poil est hirsute, **mon** œil voilé, **mon** aboiement éraillé.

2. Ce film (ce, *devant un nom*) est magnifique. L'action se déroule (*elle* se déroule) en pleine mer, là où d'habitude il ne **se** passe (*il* se passe) rien. Un navire pirate surgit, des hommes masqués **se** hissent (*ils* se hissent) jusqu'au pont, **se** font livrer (*ils* se font livrer) les objets précieux, et **se** retirent (*ils* se retirent) en emportant une mystérieuse valise. **Ce** n'est que (*Il ce n'est que* : pas français) le début d'un suspense qui **se** développe (*il* se développe) pendant deux heures de **ce** spectacle (ce, *devant un nom*) qui dure 125 minutes : c'est dire qu'on ne s'ennuie pas.

3. **Mes** enfants (*tes* enfants) étaient agriculteurs **mais** (*et*) ils se sont spécialisés dans le bio : je leur ai donné **mes** ruches et **mes** abeilles (tu leur as donné *tes* ruches et *tes* abeilles) ; ils éprouvaient une certaine crainte **mais** (*et*) maintenant **mes** enfants (*tes* enfants) ont amélioré leur niveau de vie.

4. Il y a **tant** de raisons (*tellement* de raisons) d'être heureux ! Ne **t'en** prive pas (*je ne m'en prive pas*) sous prétexte que ta vie est simple, le bonheur est simple ! **Tant** de merveilles (*tellement* de merveilles) nous entourent, **tant** de beauté (*tellement* de beauté), **tant** d'amour (*tellement* d'amour) ! Sache les apprécier, tu **t'en** trouveras (*je m'en trouverai*) plus épanoui, et ton action **s'en** ressentira (*elle s'en* ressentira).

5. Il **s'en** va (*Je m'en vais*) le temps des rires et des chansons, **c'en** est fini de l'insouciance (*Cela*, l'insouciance, est fini), je ne veux plus vivre **sans** responsabilités (*Il sans* responsabilité : pas français) pensa Juliette, ce matin-là.

De l'oral à l'écrit (1)

 *Temps 1*

Écriture et sonorité

Le « e » prononcé « è »

Placé devant une consonne double ou devant un *x*, « e » se prononce « è », comme s'il avait un accent grave, mais ne prend pas d'accent :

Ainsi dans le mot « pelle », le « e » se prononce « è », et cependant le mot « pelle » ne prend pas d'accent.

Autres exemples : la terre, effacer, un exercice.

Notez la présence des consonnes doubles « l » dans pelle, « r » dans terre, « f » dans effacer. Celle du « x » dans exercice.

La prononciation du « g »

Distinguons la prononciation « gue » de la prononciation « ge » ou « gi ».

g se prononce « gue » devant a ou o et s'écrit **sans** u :

Le langage du gorille.

Cependant, *devant e, i, y,* **il faut mettre un** *u* après le *g* pour faire « gue »:

Une langue rugueuse, un guichet.

Comme tous les verbes réguliers, les verbes en « guer » conservent le *u* du radical dans toute leur conjugaison, ce qui entraîne… que la règle précédente, alors, ne s'applique pas.

Ainsi : « Ce jeune officier se **distingua** lors de l'attaque ennemie. »

Si l'on appliquait la première règle, le *u* disparaîtrait. Or le *u* doit apparaître car il fait partie du radical « distingu » du verbe distinguer.

Vigilance, donc !

Pour obtenir le son « gi », on n'utilise jamais le j, mais toujours le g.

Les giboulées, une bougie, une girouette.

Trois exceptions : la ville de Djibouti, le jiu-jitsu, un moujik.

Les finales de certains mots

Cinq mots ne prennent jamais d'*s* : parmi, debout, ensemble, chaque, malgré.

« *Parmi* les trois cents fans, couchés ou *debout*, qui *ensemble*, *malgré* le froid, attendaient leur idole, aucun ne regrettait *chaque* moment des longues heures passées à l'attendre. »

Les noms terminés par le son « zon », s'écrivent « son » à la fin :

Du poison.

Exceptions : gazon et horizon qui prennent un *z*.

Les noms *féminins* terminés par les sons « u » et « ou » prennent un *e* à la fin :

Une statue, la boue.

Exceptions : bru, vertu, tribu, glu, toux.

Une bru, sans vertu, dans la tribu, quelle glu !

Attention !

> Ne pas confondre le mot français glu avec son équivalent anglais **glue** (qui signifie « colle ») qui prend toujours un e, et qu'on trouve sur la plupart des tubes de colle vendus dans le commerce.
>
> Définition de la **glu** (française !) : « matière visqueuse et tenace obtenue en pilant des écorces végétales et qui sert à prendre au piège des petits oiseaux. Le nom « glu » a donné l'adjectif « gluant ».

 **Temps 2**

S'ENTRAÎNER

Écriture et sonorité

C'est à vous !

Classez dans le tableau prévu et selon la sonorité du « g », les mots ou expressions suivantes.

Une cargaison/le genou/gigoter/déjà midi !/une guérite/parler argot/j'ai un projet/un geai/du poisson congelé/un brave gugusse/un gigolo/faire des galipettes/un petit gourmand/un coin giboyeux/Gustave/un escargot/oh le goujat !/des démangeaisons/une girouette/un guet-apens/Le Galibier/de bons arguments/il rangeait ses affaires/les éditions Gallimard/Gibraltar/la rouille ronge le fer/une guenille/nous jouons/de jolis légumes/le goulot d'une bouteille/la joue tailladée/un gentil garçon/

nous rangions la salle à manger/la guenon et le guépard du zoo/rajoutez du sel dans le ragoût !/un bon nageur/la conjugaison/ne jugeons personne/une goutte de rosée/Lapérouse, hardi navigateur/faites un régime !/la digestion.

Tableau de la prononciation du « g »

g se prononce « gue » *devant a ou o* et s'écrit sans *u* :
Cargaison…

Devant e, i, y, il faut mettre un *u* après le *g* pour faire « gue » :
Une guérite…

Devant un *u,* sans autre voyelle, le *g* donne le son « gu » :
Un gugusse…

Pour obtenir le son « gi », on n'utilise jamais le *j,* mais toujours le *g* :
« gi » dans gigoter, …

Utilisation du *j* pour obtenir le son « ge » :
Déjà midi !, …

ge et *gea* donnent aussi le son « ge » :
Le genou…

Finales de certains mots

Faites-vous dicter les mots suivants.

Gazon, blason, diapason, cloison, poison, contrepoison, toison, liaison, cargaison, démangeaison, maison, combinaison, inclinaison, raison, déraison, comparaison, floraison, saison, arrière-saison, morte-saison, trahison, bison, guérison, horizon, prison, tison.

Précision : les noms suivants sont tous féminins.

La cohue, la **tribu**, une étendue, la mue, l'avenue, une déconvenue, la rue, une charrue, une verrue, ma **bru**, cette sangsue, de la **glu**, la **vertu**, une statue, la laitue, une tortue, la vue, une bévue.

La boue, faire la moue, la roue, la proue du navire, une **toux** persistante. (En fait, les noms féminins en « ou » sont peu nombreux.)

Temps 3

SE CORRIGER

Écriture et sonorité

Tableau de la prononciation du « g »

g se prononce « gue » *devant a ou o* et s'écrit sans *u* :

Cargaison, argot, go dans gigolo, galipettes, gourmand, escargot, gou dans goujat, le Galibier, Gallimard, goulot, garçon, ragoût, gai dans conjugaison, goutte, navigateur.

Devant e, i, y, il faut mettre un *u* après le *g* pour faire « gue » :

Une guérite, un guet-apens, guenille, guenon, guépard.

Devant un *u*, sans autre voyelle, le *g* donne le son « gu » :

Un gugusse, Gustave, arguments, légumes.

Pour obtenir le son « gi », on n'utilise jamais le *j*, mais toujours le *g* :

« Gi » dans gigoter, « gi » dans gigolo, un coin giboyeux, girouette, Gibraltar, nous rangions, régime.

Utilisation du *j* pour obtenir le son « ge » :

Déjà midi ! J'ai un projet, « jat » dans goujat, rajoutez du sel.

ge et *gea* donnent aussi le son « ge » :

Le genou, un geai, il rangeait, gentil, un nageur, ne jugeons personne, la digestion.

De l'oral à l'écrit (2)

Temps 1

JE RAFRAÎCHIS MES CONNAISSANCES

Écriture et sonorité

s entre deux voyelles : la sonorité est « z »

Et pour faire « se » il faut doubler le *s* : *ss*.

Du poison, un poisson.

Exceptions : parasol, tournesol, vraisemblable, soubresaut, qui ne doublent pas le s pour faire « se ».

Les mots en *ex* : la sonorité peut être « egz » ou « eks »

Le son « eks » est obtenu en ajoutant un *c* après le *x*.

Excité, exciter, un excès.

Le son « egz » est obtenu quand le *x* est immédiatement suivi d'une voyelle ou d'un h muet.

« On a **exhaussé** cet immeuble **exigu** d'un étage. »

Une exception : « eczéma », qui prend un *c*, et pourtant se prononce « egz ».

m, b, p

Devant *m*, *b*, *p* il faut mettre un *m* au lieu d'un *n*.

Immensité, immense, imbattable, improbable.

Exceptions : bonbon, bonbonnière, néanmoins, Gutenberg, Istanbul, la première personne des verbes en « enir » au passé simple : nous vînmes, et le cas particulier de « embonpoint » qui suit la règle devant b, mais ne la suit pas devant p.

L'accent circonflexe change la sonorité

« Notre », « votre », *sans accent circonflexe* et sans article sont des **adjectifs** possessifs, ils accompagnent un nom mais ne le remplacent pas.

« Nous aimons notre ville natale. » > Notre : adjectif possessif, détermine le nom « ville ».

« Le nôtre », « le vôtre », **pronoms** possessifs, portent l'accent circonflexe et sont formés comme les autres pronoms possessifs à l'aide des articles le, la, les.

Les pronoms possessifs remplacent le nom et peuvent donc tenir les mêmes fonctions grammaticales que le nom.

« Vous aimez votre ville natale, nous aimons la nôtre. » > La nôtre : complément d'objet direct de « aimons ».

Le son « euil » s'écrit bien habituellement *e-u-i-l*

Un treuil, le seuil de la porte.

Deux catégories d'exceptions :

a) Après le *c* ou le *g* : toujours un *u* : « ueil ».

Un recueil, l'orgueil.

b) « *œil* » pour désigner l'organe de la vue : l'œil, et dans tous les mots qui en dérivent, comme œillade, œilleton, etc.

Les finales de certains mots

a) Adverbes en « amment » ou en « emment »

L'adverbe « **bruyamment** » dérive de l'adjectif « bruyant ». Il s'écrit avec un *a*.

L'adverbe « **évidemment** » dérive de l'adjectif « évident ». Il s'écrit avec un *e*.

L'orthographe de l'adverbe dépend donc de l'adjectif dont il dérive.

b) Si l'adverbe dérive d'un adjectif terminé par un *i* ou par un *e*, il ne prend pas de *e* après le *i* ou le *e*.

« Vrai » donne « **vraiment** » (pas de e après « vrai »).

« Résolu » donne « **résolument** ».

Une seule *exception* : « gai » donne « gaiement ».

 *Temps 2*

S'ENTRAÎNER

Écriture et sonorité

À vous !

1. Faites-vous dicter les mots suivants (ou bien préparez votre dictée sur un Dicta-phone) et vérifiez ensuite votre orthographe.

Un visa, il vissa le bouchon, le coryza, du mimosa, un message invraisemblable, le blanchissage, l'apprentissage, un corsage (le s n'est pas entre deux voyelles).

La rose exhale son parfum, une exaction, un examinateur exaspérant, un excavateur, un excédent, votre Excellence, l'excision, de l'excitation, une excursion.

Je ne suis pas emballé, l'embarcadère, une embarcation, décréter l'embargo, la voiture fit une embardée, un voyou mal embouché, j'emménage demain, où m'emmènes-tu ?

2. *Les mots suivants sont masculins ou féminins, ou bien ce sont des verbes.*
   Classez-les chacun dans sa catégorie.

   Exemples :

   Noms masculins : tentacule…
   Noms féminins : libellule…
   Verbes : je capitule…

   Tentacule, libellule, capitule, bulle, conciliabule, mandibule, vestibule, globule, préambule, funambule, somnambule, noctambule, recul, recule, calcul, calcule, fécule, molécule, pécule, véhicule, ridicule, canicule, particule, bascule, crépuscule, opuscule, adule, module, pendule, ondule, coagule, virgule, cellule, pilule, pullule, simule, stimule, cumul, cumule, formule, nul, annule, crapule, manipule, stipule, scrupule, férule, brûle, péninsule, capsule, tulle, capitule, récapitule, intitule, rotule, tarentule, postule, pustule, ovule.

<table>
<tr><td>

Tableau récapitulatif

Noms masculins :

Noms féminins :

Verbes :

</td></tr>
</table>

3. *Rédigez une phrase avec chacun des verbes ci-dessus.*
   Exemple : « Que je capitule ? Il n'en est pas question ! »

4. Faites-vous dicter les phrases suivantes (ou bien préparez votre dictée sur un Dictaphone) et vérifiez ensuite votre orthographe.

« L'œil était dans la tombe et regardait Caïn » (V. Hugo). J'accueille aujourd'hui un candidat élu « dans un fauteuil » (que l'opposition le veuille ou non), qui a su contourner tous les écueils, en se gardant des clins d'œil de faux amis. La haie embaume le chèvrefeuille. Je m'endormis au chant du bouvreuil.

Les finales de certains mots

1. Donnez l'adverbe dérivé des adjectifs suivants.

Constant. Indépendant. Conscient. Courant. Décent. Patient. Élégant. Savant. Récent. Ardent.

2. À l'inverse, donnez l'adjectif qui a donné naissance à l'adverbe.

Étonnamment. Suffisamment. Brillamment. Méchamment. Bruyamment. Prudemment. Violemment. Impétueusement. Diligemment. Éloquemment. Intelligemment.

 *Temps 3*

SE CORRIGER

Écriture et sonorité

2. Les mots suivants sont *masculins* ou *féminins*, ou bien ce sont des *verbes*. Nous les avons classés chacun dans leur catégorie.

Tableau récapitulatif

Noms masculins : un tentacule, un conciliabule, le vestibule, un globule, le préambule, un funambule, un somnambule, un noctambule, du recul, un calcul, un pécule, un véhicule, le ridicule, le crépuscule, un opuscule, un module, un pendule, le cumul, un nul, un scrupule, du tulle, un ovule.

Noms féminins : une libellule, une bulle, une mandibule, de la fécule, une molécule, la canicule, une particule, la bascule, une pendule, une virgule, une cellule, une pilule, une formule, une crapule, la férule, une péninsule, une capsule, la rotule, une tarentule, une pustule.

Verbes : je capitule, il recule, je calcule, il véhicule, il bascule, il adule, il ondule, il coagule, cela pullule, il simule, cela stimule, il cumule, il formule, il annule, il manipule, il stipule, cela brûle, je récapitule, il s'intitule, il postule.

3. Rédaction d'une phrase avec chacun des verbes cités.

Que je capitule ? Il n'en est pas question !/Le camion recule en émettant un signal d'alerte/L'ordinateur calcule la trajectoire du retour/Ce discours véhicule des idées sectaires/Le traître ! Il bascule dans le camp opposé !/Ce séducteur adule les foules/La lumière ondule dans l'espace/Le sang coagule et les lèvres de l'incision se ressoudent/La vermine pullule dans ce taudis/Ce logiciel simule les conditions d'un atterrissage d'urgence/Une conversation avec vous stimule l'esprit critique !/Cet homme politique cumule les mandats/La notice formule les conditions d'emploi d'un médicament/J'annule mon départ pour rester avec toi/Cet orateur manipule son auditoire/Le règlement stipule qu'on ferme le square à dix-huit heures/*La neige qui brûle* : un beau titre pour cette biographie d'un grand poète, Marie Noël/Je récapitule : armer, viser, tirer… et rater sa cible parce qu'on a tremblé !/Le manuel s'intitule : *L'art du bien dormir*/Ce candidat postule d'emblée au titre de directeur !

Les finales de certains mots

1. Constamment. Indépendamment. Consciemment. Couramment. Décemment. Patiemment. Élégamment. Savamment. Récemment. Ardemment.

2. Étonnant. Suffisant. Brillant. Méchant. Bruyant. Prudent. Violent. Impétueux. Diligent. Éloquent. Intelligent.

Révisions

Temps 1

JE RAFRAÎCHIS MES CONNAISSANCES

Deux petites règles

« Leur » devant un verbe ne prend jamais d's

Par dérision, et pour se moquer des « mauvais élèves », on peut se souvenir d'une phrase *qui comporte justement la faute* :

« Je leurs z avais pourtant dit, et je leurs z avais répété, que **leur** devant un verbe ne prend jamais d's ! » (Plainte d'un « instit » d'autrefois, au soir du Certificat d'études).

Aucun, chacun, on : toujours le singulier

Aucun = pas un, le pluriel serait en contradiction avec le sens.

Chacun = chaque unité d'un groupe, le singulier s'impose.

On = une personne, « un homme », demande le singulier, même s'il peut avoir le sens collectif de « nous ».

« On chantait, on dansait…nous étions tous heureux ! »

Un mot réputé d'orthographe difficile : « tout »

…Vidons l'abcès en rappelant l'essentiel :

« Tout » peut être **nom** ou **pronom**, variable en genre et en nombre. Il tient dans la phrase un rôle de substantif, sujet ou complément du verbe : « Le tout est de réussir », « Tous sont venus », « Les fidèles lectrices ? Toutes ont réagi à notre enquête. »

« Tout » peut être **adjectif indéfini**, variable en genre et en nombre. Il est alors lié au nom qu'il détermine : « Tout homme est faillible », « Toutes les roses de mon jardin ont fleuri pour toi. »

« Tout » peut être **adverbe**, en principe il est alors invariable et signifie tout à fait, complètement : « Ce ruisseau coule tout doucement. »

Attention !

> Voilà l'exception : **bien qu'adverbe**, « tout » varie en genre et en nombre quand l'adjectif féminin qui le suit commence par une consonne ou un h aspiré : « Cette fillette est toute triste, toute honteuse », « Ces fillettes sont toutes tristes, toutes honteuses. »

On explique cette exception par une raison « d'euphonie », c'est-à-dire d'harmonie de sonorité : il ne serait pas agréable pour l'oreille, d'entendre « une fillette tout honteuse ».

Temps 2

S'ENTRAÎNER

C'est à vous !

Dans les phrases suivantes, indiquez entre parenthèses, la nature du mot « tout ».
Exemple : « Toutes (Pr. = pronom) voulaient lui plaire. »

Que de jolis paysages ! Et **tous** (?) sont déserts/« Donnez à **tous** (?)/Peut-être un jour **tous** (?) vous rendront. » (V. Hugo)/Il fut applaudi par ses amis, **tous** (?) vinrent le féliciter/« **Tous** (?) nos plaisirs ne sont que vanité » (Pascal)/**Tout** (?) travail mérite son salaire, **toute** (?) peine demande consolation.

Je me retrouve **tout** (?) seul devant cette responsabilité/C'était **tout** (?) au début de notre rencontre/La Nature est **tout** (?) mouvement, **toute** (?) harmonie/Ces soldats **tout** (?) fiers de leur victoire, **tout** (?) auréolés de leur jeune gloire, ces femmes **tout** (?) enfiévrées de leur combat, **toutes** (?) joyeuses d'avoir participé à cette victoire, **tous** (?) communiaient dans le même enthousiasme.

Temps 3

SE CORRIGER

Que de jolis paysages ! Et **tous** (pronom, tient la place de « paysages ») sont déserts/ « Donnez à **tous** (sous-entendu *tous les hommes* : pronom ou nom)/Peut-être un jour **tous** (pronom ou nom, sujet de « rendront ») vous rendront. » (V. Hugo)/Il fut applaudi par ses amis, **tous** (pronom, tient la place de « amis », sujet de vinrent) vinrent le féliciter/« **Tous** (adjectif indéf. détermine « plaisirs ») nos plaisirs ne sont que vanité. » (Pascal)/**Tout** (adjectif indéf. détermine « travail ») travail mérite son salaire, **toute** (adjectif indéf. détermine « peine ») peine demande consolation.

Je me retrouve **tout** (adverbe = tout à fait) seul devant cette responsabilité/C'était **tout** (adv. = tout à fait) au début de notre rencontre/La Nature est **tout** (adv. = entièrement) mouvement, **toute** (adv. = entièrement. Placé devant un mot féminin commençant un h aspiré, s'accorde exceptionnellement) harmonie/Ces soldats **tout** (adv. = tout à fait, entièrement. Invariable) auréolés de leur jeune gloire, ces femmes **tout** (adv. = tout à fait. Invariable) enfiévrées de leur combat, **toutes** (adv. = tout à fait, entièrement. S'accorde exceptionnellement avec « joyeuses » commençant par une consonne) joyeuses d'avoir participé à cette victoire, **tous** (pronom, tient la place de « soldats » et de « femmes », sujet de communiaient) communiaient dans le même enthousiasme.

Révisions : reconnaître les mots et leur fonction

Questions

1. Nature des mots : placez les mots en caractères gras dans le tableau prévu à la suite du texte.

Attention ! On a mélangé les noms, les adjectifs, ainsi que les genres et les nombres…

Les douze tribus **d'Israël** marchaient **vers** la Terre **Promise**/Fallait-**il payer** le tribut à **César ?**/**Imbu** de son pouvoir, le **patriarche** barbu subjuguait la cohue de ses **partisans**/Un malaise diffus se répandait **dans l'opinion** qui allait opérer une **mue** inattendue/Le point de vue obtus **et** têtu des opposants agit comme un contrepoison, les combinaisons d'alliances politiques **furent perçues** comme des trahisons, à **l'horizon** des nouvelles élections.

Nom propre :

Nom commun :

Adjectif qualificatif :

Autre adjectif :

Préposition :

Article défini :

Conjonction de coordination :

Verbe (à quel mode ? à quel temps ?) :

2. *Fonction des mots en gras : complétez le tableau avec la fonction des mots en caractères gras :*

Détermine…

Se rapporte à…

Épithète de…

Sujet de…

Sujet apparent de…

Sujet réel de…

Complément du nom…

Complément de lieu…

Complément d'objet direct…

Complément d'objet indirect…

Relie…

Marque un rapport de…

Forme du verbe…

Réponses

Nature des mots

Nom propre : Israël, César

Nom commun : tribut, patriarche, partisans

Adjectif qualificatif : promise, imbu, perçues

Autre adjectif : douze, adjectif numéral ordinal/Ses, adjectif possessif

Préposition : vers, dans

Article défini : les, l' (l'opinion), l' (horizon)

Conjonction de coordination : et

Verbe (à quel mode ? à quel temps ?) : payer (infinitif), furent perçues (verbe percevoir, forme passive, passé simple)

Fonction des mots

Détermine… **Les**, détermine « douze tribus »/**l'**, détermine opinion/**une**, détermine mue/**l'**, détermine horizon.

Se rapporte à… **Douze**, se rapporte à tribus/**Ses**, se rapporte à partisans.

Épithète de… **Promise**, épithète de Terre/**Imbu**, épithète de patriarche.

Sujet de… **Patriarche**, sujet de subjuguait.

Sujet apparent de… Dans « il fallait », **il** sujet apparent de fallait.

*Sujet réel de…***Payer**, sujet réel du verbe impersonnel « il fallait ».

Complément du nom… **Israël**, complément du nom « tribus »/**partisans**, complément du nom « cohue ».

Complément de lieu… **Opinion**, complément circonstanciel de lieu de « se répandait »/horizon, complément circonstanciel de lieu de « furent perçues ».

Complément d'objet direct… **tribut**, complément d'objet direct de « payer »/**mue**, complément d'objet direct de « opérer ».

Complément d'objet indirect… **César**, complément d'objet indirect de payer/opinion.

Relie… **et**, relie deux adjectifs, « obtus » et « têtu ».

*Marque un rapport de…***Vers**, marque un rapport de lieu ou de direction entre « partaient » et « Terre Promise »/**Dans**, marque un rapport de lieu entre « se répandait » et « opinion ».

Forme du verbe : **Payer**, forme active/**furent perçues**, verbe percevoir à la forme passive, « être perçues ».

Le vocabulaire français : vue d'ensemble

 *Temps 1*

UN PEU D'HISTOIRE

Mots « premiers » et mots « seconds »

Les mots simples ou *mots premiers,* d'origine latine ou empruntés à d'autres langues ne forment qu'une faible partie du vocabulaire français.

Une multitude de mots se sont formés et se forment encore par la **combinaison de divers éléments**, on les appelle *mots seconds.*

Les mots seconds se forment :

1. en joignant deux mots français : *vin aigre* donne *vinaigre* ;
2. en joignant deux éléments latins ou grecs : *frugivore* (qui mange des fruits), *autographe* (écrit par la personne elle-même) ;
3. en ajoutant à un mot simple des particules qui le précèdent : *voir* > **pré**voir/ *faire* > **dé**faire, **re**faire ou qui le suivent : *mort* > mor**tel**/*penser* > pen**sif.**

Préfixes et suffixes

On appelle préfixe (*praefixum*, placé avant) une particule qui *précède* le nom.

« dis » dans dispos, disposer, disposition.

On appelle suffixe (*suffixum*, placé dessous ou après) une particule qui *suit* le mot.

« aille », dans ferraille, « *able* », dans blâmable, raisonnable.

Un mot peut avoir plusieurs préfixes : *venir, revenir, redevenir,* ou plusieurs suffixes : *paix, paisible, paisiblement.*

Radical

Le radical est ce qui reste d'un mot quand on en sépare un préfixe ou un suffixe :

Ainsi le mot *nation* est le **radical** dans *nation-al* ; le mot *national* devient radical dans *national-isme,* dans *inter-national* ; et même *international* peut être considéré comme radical dans *international-isme.*

Racine

La racine est la forme la plus simple d'un radical.

Dans internationalisme, la **racine** est nation.

La particule « voc » est la **racine** dans vocal, vocalise, vocatif, vocation, convoquer, évoquer, invoquer, provoquer, révoquer, etc.

Une racine peut prendre différentes formes. Ainsi *sel, sal, sau,* sont trois formes d'une même racine dans *sel, salin, salaire, sauce, saumure, saur.*

De *lex, legem* (« loi ») sont formées les racines *loi* dans *loyal* (formation populaire) et *leg,* dans *légal, légitime* (formation savante).

La racine est l'élément commun à tous les mots d'une même « famille ».

Famille de mots

L'ensemble des mots formés par l'adjonction de préfixes ou de suffixes à un mot simple forme une *famille de mots.*

On peut retrouver, dans les familles de mots, les conséquences de la double formation, **populaire** et **savante**.

Ainsi la famille de « fleur » (lat. : *florem*) comprend les deux séries :

- fleur, fleuret, fleurette, fleurir, fleuriste, fleurer, affleurer, effleurer… (série populaire) ;
- flore, floral, floréal, florin, floraison, florilège, déflorer, efflorescence… (série savante).

 **Temps 2**

ET SI ON JOUAIT POUR S'ENTRAÎNER ?

À vous de jouer !

*1. Trouvez le **nom** dérivé du mot latin correspondant au mot en italique.*

L' …… cultive les champs (lat. *agrum*, champ).

L' …… soigne les abeilles (lat. *apis*, abeille).

L' …… cultive et soigne les arbres (lat. *arbor*, arbre).

L' …… élève les oiseaux (lat. *avis*, oiseau).

L' …… cultive et entretient les jardins (lat. *hortus*, jardin).

L' …… s'occupe de la reproduction et de la multiplication des huîtres (lat. *ostrea*, huître).

La …… est l'art de multiplier les poissons (lat. *piscis*, poisson).

La …… donne des soins aux petits enfants (lat. *puer*, enfant).

La …… est l'élevage des vers à soie (lat. *sericum*, soie).

La …… s'occupe de l'entretien des forêts (lat. *sylva*, forêt).

La …… est la culture de la vigne (lat. *vitis*, vigne).

*2. Trouvez **l'adjectif** d'origine latine dérivé du nom en italique.*

NB : il faut savoir que « je porte » se dit fero en latin.

Un conduit …… amène et renouvelle l'air (*aer*).

Un terrain …… contient de l'or (*aurum*).

Un appareil …… distribue la chaleur (*calor*).

Le pin a pour fruits des cônes (*conus*), c'est un ......

La fleur du colza a quatre pétales en forme de croix (*crux*), c'est une plante ...... mais ce tournevis qui porte quatre rayures en forme de croix est ......

Les plantes ...... ont un suc semblable à du lait (*lac, lactis*).

L'abeille fabrique du miel (*mel, mellis*), c'est un insecte ......

Un ...... provoque le sommeil (*somnus*).

La carotte dont les fleurs sont disposées en ombelle (*umbella*) est une ......

Les bourgeons ...... produisent des fruits (*fructus*).

La classe des ...... comprend les vertébrés pourvus de mamelles (*mamma*).

3. *Dans les mots suivants distinguons le radical, le préfixe et le suffixe.*

Admettre, arrivage, clôture, couverture, croissant, décomposition, jardinet, inquiétude, prévision, recoudre, signature, transporter.

Exemple : ad + **met** + re

Pour vous faciliter la reconnaissance des **préfixes** nous vous en indiquons la signification :

ad et ar > tendance vers…

de > privation de…

in > dans, à l'intérieur de… ou négation (sans)

pre > avant…

re > répétition de…

trans > au-delà de…

Et la signification de quelques **suffixes** :

age > résultat de…

ure > qualité, manière d'être de…

ant > faisant l'action de…

ition > action de…

et > diminutif

ude > état de…

ion > action de…

4. *Dans la liste précédente choisissez quatre mots dont vous **expliquerez le sens** par l'étymologie.*

5. *Donnez quelques mots de la **famille** de **sentir** en continuant les listes suivantes :*

   Liste 1 : sentir, senteur…

   Liste 2 (avec différents préfixes) : assentiment, consentir…

Temps 3

AVONS-NOUS BIEN RÉPONDU ?

1. Nous avons trouvé le **nom** dérivé du mot latin correspondant au mot en italique.

L'agriculteur cultive les champs (lat. *agrum*, champ).

L'apiculteur soigne les abeilles (lat. *apis*, abeille).

L'arboriculteur cultive et soigne les arbres (lat. *arbor*, arbre).

L'aviculteur élève les oiseaux (lat. *avis*, oiseau).

L'horticulteur cultive et entretient les jardins (lat. *hortus*, jardin).

L'ostréiculteur s'occupe de la reproduction et de la multiplication des huîtres (lat. *ostrea*, huître).

La **pisciculture** est l'art de multiplier les poissons (lat. *piscis*, poisson).

La **puéricultrice** donne des soins aux petits enfants (lat. *puer*, enfant).

La **sériciculture** est l'élevage des vers à soie (lat. *sericum*, soie).

La **sylviculture** s'occupe de l'entretien des forêts (lat. *sylva*, forêt).

La **viticulture** est la culture de la vigne (lat. *vitis*, vigne).

2. Nous avons trouvé **l'adjectif** d'origine latine dérivé du nom en italique :

Un conduit **aérifère** amène et renouvelle l'air (*aer*).

Un terrain **aurifère** contient de l'or (*aurum*).

Un appareil **calorifère** distribue la chaleur (*calor*).

Le pin a pour fruits des cônes (*conus*), c'est un **conifère**.

La fleur du colza a quatre pétales en forme de croix (*crux*), c'est une plante **crucifère**, mais ce tournevis qui présente quatre rayures en forme de croix est **cruciforme**.

Les plantes **lactifères** ont un suc semblable à du lait (*lac, lactis*).

L'abeille fabrique du miel (*mel, mellis*), c'est un insecte **mellifère**.

Un **somnifère** provoque le sommeil (*somnus*).

La carotte dont les fleurs sont disposées en ombelle (*umbella*) est une **ombellifère**.

Les bourgeons **fructifères** produisent des fruits (*fructus*).

La classe des **mammifères** comprend les vertébrés pourvus de mamelles (*mamma*).

3. Dans les mots suivants nous avons distingué le radical, le préfixe et le suffixe.

Admettre, arrivage, clôture, couverture, croissant, décomposition, jardinet, inquiétude, prévision, recoudre, signature, transporter.

Exemple : ad + **met** + re

1. ar + **riv** + age

5. dé + **compos** + ition

9. re + **coud** + re

2. **clôt** + ure

6. **jardin** + et

10. **sign** + ature

3. **couvert** + ure

7. in + **quiet** + ude

11. trans + **porter**

4. **croi** + (ss)ant

8. pré + **vis** + ion

4. Dans la liste précédente nous avons choisi quatre mots dont nous **expliquons le sens** par l'étymologie :

Jardinet > *petit* jardin (diminutif « et »).

Inquiétude > *état* de quelqu'un (suffixe ude) qui est *sans* (préfixe de négation) *tranquillité* (radical « quiet » = tranquille).

Prévision > *action* (suffixe ion) de *voir* (radical latin vis) à *l'avance* (préfixe pre).

Transporter > porter (radical), *au-delà* de l'endroit initial, *plus loin* (préfixe trans).

5. Quelques mots de la famille de *sentir* en continuant les listes :

Liste 1 : sentir, senteur… sentiment, sentence, sentencieux, sentimental, sentimentalité, sentimentalement.

Liste 2 (avec différents préfixes) : assentiment, consentir… consentement, dissentiment, pressentir, pressentiment, ressentir, ressentiment.

Pratique du vocabulaire (1) Préfixes, suffixes, emplois nouveaux

 *Temps 1 et 2*

JOUER AVEC LES MOTS POUR RAFRAÎCHIR SES CONNAISSANCES

Préfixes et suffixes

Certains mots ajoutent à leur radical des particules latines ou grecques.

À vous de jouer !

a) Donnez un ou plusieurs mots terminés par -cide, -cole, -fere, -fuge, -pare, -vore.

b) Trouvez un ou plusieurs mots commencés par helio, geo, hemo, pyro.

c) Donnez le sens de la particule, latine ou grecque. Tirez-en le sens du mot complet.

Attention !

Le suffixe « cole » peut avoir deux sens très différents. Les mots fabriqués à l'aide de ce suffixe auront aussi des significations éloignées.

Quand les mots changent de fonction

À l'origine, certains mots ne sont pas des noms… mais ils peuvent le devenir. On dit alors qu'ils « changent d'emploi ».

*Soulignez les mots employés comme **noms** (changement d'emploi d'un mot connu). Indiquez entre parenthèses la nature première de ce mot : verbe, adverbe, etc.*

Exemple de traitement de cet exercice :

Pascal a dit : « Le moi est haïssable. » (nature première de « moi » : pronom personnel)

Pascal a dit : « Le moi est haïssable. »

Nous ne savons le tout de rien.

Montaigne a dit : « C'est le jouir et non le posséder qui nous rend heureux. »

Cet illustré est agréable à regarder.

Ce soir nous mangerons les restes.

La Fontaine a dit : « Nous faisons cas du beau, nous méprisons l'utile. »

« Les petits ont pâti des sottises des grands. »

La Fontaine raconte que Jupiter « mit deux tables au monde ;
L'adroit, le vigilant et le fort sont assis
À la première ; et les petits,
Mangent leur reste à la seconde. »

Ce propriétaire a de gros revenus.

« Accusé, levez-vous ! »

 *Temps 3*

AVONS-NOUS BIEN RÉPONDU ?

1. Dérivation à l'aide de préfixes et suffixes

   a) Mots terminés par :

      -cide : bactéricide, fongicide, fratricide, infanticide, liberticide, génocide, spermicide (du latin : tuer ou séparer), donc : qui tue les bactéries, qui fait disparaître les champignons, qui tue un frère, etc.

-cole :

a) Piscicole, ostréicole (du latin > cultiver, élever : des poissons, des huîtres).

b) Arboricole, cavernicole (du latin > habiter… dans les arbres, dans une caverne).

-fere : mammifère, calorifère (du latin : qui porte… des mamelles, de la chaleur).

-fuge : centrifuge, vermifuge (du latin : idée de fuite).

-pare : ovipare, vivipare (du latin : enfanter, mettre au monde… des œufs qui vont se développer ou des êtres déjà organisés).

-vore : carnivore, frugivore, granivore, herbivore, omnivore (du latin *vorare* > avaler… de la viande, des fruits, des graines, de l'herbe, de tout ce qui peut se manger).

b) Mots commencés par :

helio : préfixe grec qui désigne le soleil > héliothérapie (traitement d'une maladie par l'action du soleil), héliotrope (plante qui se tourne vers le soleil).

geo : préfixe grec, signifiant la terre > géographie, géologie, géodésie (sciences qui étudient le globe terrestre).

hemo : préfixe grec qui désigne le sang > hémorragie, hémophilie.

pyro : préfixe grec qui désigne le feu > pyromane, pyrotechnique, pyrogravure, pyroscaphe (le pyroscaphe est le premier nom du bateau à vapeur).

2. Dérivation par changement d'emploi

Nous avons mis en italique les mots employés comme **noms** par changement d'emploi. Nous indiquons entre parenthèses la nature première de ce mot.

Pascal a dit : « Le *moi* est haïssable. » (**moi**, pronom personnel)

Nous ne savons **le** *tout* de rien. (**tout**, pronom indéfini, transformé en nom par l'article déterminatif, le)

Montaigne a dit : « C'est **le** *jouir* et non **le** *posséder* qui nous rend heureux. » (**jouir** et **posséder**, infinitifs)

Cet *illustré* est agréable à regarder. (**illustré**, participe passé devenu nom commun)

Ce soir nous mangerons les *restes*. (**restes** : le verbe rester a donné le nom commun)

La Fontaine a dit : « Nous faisons cas du *beau*, nous méprisons *l'utile*. » (**beau** et **utile** sont à l'origine des adjectifs qualificatifs)

« Les *petits* ont pâti des sottises des *grands*. » (**petits** et **grands**, adjectifs qualificatifs)

La Fontaine raconte que Jupiter « mit deux tables au monde ;

L'adroit, le *vigilant* et le *fort* sont assis

À la première ; et les *petits*,

Mangent leur *reste* à la seconde. » (**adroit**, **vigilant**, **fort** sont à l'origine des adjectifs qualificatifs/**reste**, est à l'origine une forme du verbe rester)

Ce propriétaire a de gros *revenus*. (**revenus**, participe passé)

« *Accusé*, levez-vous ! » (**accusé**, participe passé)

Pratique du vocabulaire (2) Néologismes et mots d'origine étrangère

Temps 1

JOUONS AVEC LES MOTS

L'évolution de la langue : des mots nouveaux

Les **néologismes** qui étaient proscrits dans la langue « littéraire » du siècle de Louis XIV apparaissent en foule dans la langue de vulgarisation technique des siècles suivants et aujourd'hui encore (voir l'évolution des dictionnaires).

Les **mots d'origine étrangère** viennent enrichir le français (nous laissons aussi des mots français aux autres !) : des mots italiens, espagnols et allemands, mais cet apport ne saurait se comparer à la « rage » pour tout ce qui est **anglais** : la politique, les institutions, la mode, la cuisine, le commerce et le sport fournissent le plus fort contingent *d'anglicismes*.

Néologismes

Mots d'origine grecque

À vous !

En vous aidant du dictionnaire, trouvez six mots commençant par ph et quatre commençant par th. Définissez ces mots.

Mots d'origine latine

Les suffixes suivants signifient :

-cide de *cædere* ou *cidere* > **tuer**/-vore de *vorare* > **dévorer, manger**/-fuge de *fugare* > **mettre en fuite.**

Remplacez les pointillés par le mot qui convient. On appelle :

.... celui qui tue son frère ; .... celui qui tue un roi ; .... l'action de celui qui se tue lui-même ; une poudre .... celle qui détruit les insectes.

Un animal .... se nourrit de chair. Les oiseaux qui vivent de grains ou d'insectes sont .... ou .... L'homme dont la nourriture est variée, qui mange de tout est ....

Un remède qui combat la fièvre est un .... La force .... tend à éloigner du centre. Un produit .... garantit du feu. On appelle .... celui qui passe à l'ennemi ou dans un parti opposé.

Mots finissant par -logie

Trouvez le nom d'origine grecque en -logie (de logos = discours, traité) désignant la science ayant pour objet les éléments donnés.

*Exemple : l'espèce humaine > **anthropologie**.*

L'espèce humaine/Les monuments anciens/La vie, ses formes, ses conditions/Les dates historiques/Le monde et ses lois générales/L'étude des insectes/La constitution de la terre/Les origines et la filiation des familles/L'étude du caractère d'après l'écriture/L'étude du caractère d'après les lignes de la main/L'étude des poissons/Les mots, leur formation, leur sens/Les phénomènes atmosphériques.

Mots d'origine étrangère

a) Donnez le mot français venu des termes espagnols suivants :

caramelo (= bonbon) a donné en français : **caramel**

casco (= crâne) : ......

cigarro (= cigare) :......

corredor (= galerie étroite) : ......

duena (= dame, maîtresse) : ......

b) Donnez le mot français venu des termes anglais suivants :

Beef steak (= morceau de bœuf) : ......

Bowl (= jatte) : ......

Drain (= dessécher) : ......

Paket-boat (= navire portant paquets et dépêches) : ......

Riding-coat (= vêtement pour aller à cheval) : ......

Temps 2

AVONS-NOUS BIEN RÉPONDU ?

Néologismes

Mots d'origine grecque

Nous avons trouvé six mots d'origine grecque commençant par **ph** et quatre commençant par **th**.

Pharmacie : (*pharmacom* = remède). Art de préparer des médicaments. Boutique où on les vend.

Phénomène : (*phainomenon* = ce qui apparaît). Ce qui est perçu par les sens et la conscience/ce qui est anormal, surprenant, rare.

Philosophe : (*philos* = ami ; *sophia* = sagesse). Science générale des êtres, des principes et des causes.

Phosphore : (*phos* = lumière ; *phoros* = qui porte). Corps simple, lumineux dans l'obscurité.

Phrénologie : (*phrên* = intelligence ; *logos* = discours, étude). Théorie qui prétendait expliquer le caractère et les fonctions intellectuelles par la conformation du cerveau.

Phylloxera : (*phullon* = feuille ; *xeros* = sec). Insecte qui s'attaque à la vigne dont les feuilles se dessèchent.

Thaumaturge : (*thauma* = merveille ; *ergon* = œuvre). Personne qui accomplit des miracles éclatants.

Théâtre : (de *teaomai* = je vois). Lieu où l'on donne des spectacles.

Théorème : (de *théôrein* = examiner). Proposition que l'on examine pour la démontrer.

Théorie : (de *théôrein* = examiner). Connaissance spéculative. Théorie s'oppose à pratique.

Mots d'origine latine

Nous avons remplacé les pointillés par le mot qui convient. On appelle :

Fratricide, celui qui tue son frère ; **régicide**, celui qui tue un roi ; **suicide**, l'action de celui qui se tue lui-même ; une poudre **insecticide**, celle qui détruit les insectes.

Un animal **carnivore** se nourrit de chair. Les oiseaux qui vivent de grains ou d'insectes sont **granivores** ou **insectivores**. L'homme dont la nourriture est variée, qui mange de tout est **omnivore**.

Un remède qui combat la fièvre est un **fébrifuge**. La force **centrifuge** tend à éloigner du centre. Un produit **ignifugé** garantit du feu. On appelle **transfuge** celui qui passe à l'ennemi ou dans un parti opposé.

Mots finissant par -logie

Nous avons trouvé le nom d'origine grecque en -logie (de logos = *discours, traité*) désignant la science ayant pour objet :

L'espèce humaine : **anthropologie**.

Les monuments anciens : **archéologie**.

La vie, ses formes, ses conditions : **biologie**.

Les dates historiques : **chronologie**.

Le monde et ses lois générales : **cosmologie.**

L'étude des insectes : **entomologie.**

La constitution de la terre : **géologie.**

Les origines et la filiation des familles : **généalogie.**

L'étude du caractère d'après l'écriture : **graphologie.**

L'étude des poissons : **ichtyologie.**

Les mots, leur formation, leur sens : **lexicologie.**

Les phénomènes atmosphériques : **météorologie.**

Mots d'origine étrangère

a) Venus de l'espagnol

caramelo (= bonbon) a donné en français : **caramel.**

casco (= crâne) : **casque, casquette.**

cigarro (= cigarre) : **cigare, cigarette.**

corredor (= galerie étroite) : **corridor.**

duena (= dame, maîtresse) : **duègne.**

b) Venus de l'anglais

Beef steak (= morceau de bœuf) : **bifteck.**

Bowl (= jatte) : **bol.**

Drain (= dessécher) : **drainer, drainage.**

Paket-boat (= navire portant paquets et dépêches) : **paquebot.**

Riding-coat (= vêtement pour aller à cheval) : **redingote.**

Pratique du vocabulaire (3)
Synonymes et antonymes

 *Temps 1*

Synonymes

On désigne sous le nom de synonymes des mots qui ont ou, plus exactement, qui ont eu *la même signification*.

En réalité, plusieurs mots différents n'ont jamais tout à fait le même sens, chacun d'eux prend une coloration particulière. Ainsi, quatre mots qui nous paraissent synonymes : *avare, cupide, parcimonieux, radin*, n'expriment pas la même idée :

- **Avare**, exprime un amour immodéré de l'argent pour l'accumuler.
- **Cupide**, marque une convoitise égoïste qui n'hésiterait pas à dépouiller autrui.
- **Parcimonieux**, désigne une épargne minutieuse sur de petites choses.
- **Radin**, dénote l'avarice, mais dans le registre du langage populaire.

Le sens d'un mot lui vient également *de son contexte*, de l'expression dans laquelle ce mot est incorporé.

Ainsi on peut **posséder une bonté naturelle**, et « **avoir des bontés pour quelqu'un** », c'est-à-dire des gestes généreux, voire des privautés.

« **Faire feu** » n'est pas « **faire du feu** ».

« **Un brave garçon** » n'est pas nécessairement un **garçon brave**.

Antonymes

Et comment appelle-t-on des mots dont le sens s'oppose directement ?

Des antonymes bien sûr ! Le préfixe « anto » ne vient pas du latin mais du grec, et signifie en français « contre ». Les antonymes « se ramassent à la pelle » : riche/ pauvre ; loin/près ; grand/petit ; naître/mourir.

C'est à vous !

1. Voici des paires de mots : oui ou non, ces mots sont-ils synonymes ?
(Mettez une croix dans la colonne de la réponse choisie.)

Mots	Synonyme ?	Oui	Non
Abréger	Raccourcir		
Aborigène	Autochtone		
Adjurer	Renier		
Acéré	Émoussé		
Prolixe	Loquace		
Abolition	Annulation		
Exhorter	Se réjouir		
Démentir	Corroborer		
Abattement	Diminution		
Redondant	Lapidaire		

2. Voici des paires de mots : oui ou non, ces mots sont-ils antonymes ?
(Mettez une croix dans la colonne de la réponse choisie.)

Mots	Antonyme ?	Oui	Non
Abrupt	Escarpé		
Atermoiement	Ajournement		
Singulier	Extraordinaire		
Digne	Trivial		
Disette	Abondance		
Naturel	Affecté		
Morgue	Arrogance		
Célérité	Vélocité		
Palpable	Évident		
Rabougri	Pléthorique		

 *Temps 2*

AVONS-NOUS BIEN RÉPONDU ?

Synonymes

Mots	Synonyme ?	Oui	Non
Abréger	Raccourcir	×	
Aborigène	Autochtone	×	
Adjurer	Renier		×
Acéré	Émoussé		×
Prolixe	Loquace	×	
Abolition	Annulation	×	
Exhorter	Se réjouir		×
Démentir	Corroborer		×
Abattement	Diminution	×	
Redondant	Lapidaire		×

Antonymes

Mots	Antonyme ?	Oui	Non
Abrupt	Escarpé		×
Atermoiement	Ajournement		×
Singulier	Extraordinaire		×
Digne	Trivial	×	
Disette	Abondance	×	
Naturel	Affecté	×	
Morgue	Arrogance		×
Célérité	Vélocité		×
Palpable	Évident		×
Rabougri	Pléthorique	×	

Auto-évaluation : un QCM de français

Question d'examen (série 2)

**Concours d'agent administratif 1ʳᵉ classe
Centre des impôts**

Épreuve d'admissibilité (suite)

Questionnaire de français

Pour chaque question posée, sept possibilités de réponse vous seront offertes :
- **L'une** des quatre solutions numérotées de 1 à 4.
- La réponse **T** « toutes les solutions proposées sont bonnes ».
- La réponse **A** « aucune des solutions proposées n'est bonne ».
- La réponse **O** « omission » si vous ne souhaitez pas répondre à la question posée.

Attention !

Une seule réponse par question est autorisée. Toute réponse multiple (plusieurs cases cochées) sera assimilée à une erreur.

 **Temps 1**

Question 10

Pour que le verbe de la proposition subordonnée soit au plus-que-parfait du subjonctif, il faut que le verbe de la proposition principale soit conjugué à l'imparfait de l'indicatif, à un temps passé ou au conditionnel.

Complétez la phrase suivante en appliquant cette règle.

« L'homme attendait respectueusement qu'ils .... la porte. »

☐ 1. aient franchi

☐ 2. franchissent

☐ 3. eurent franchi

☐ 4. eussent franchi

Question 11

Dans laquelle des propositions ci-dessous, les phrases sont-elles placées dans un ordre logique ?

A. Je reconnus une vipère.

B. Mon attention fut tout à coup requise par quelque chose de brillant qui se glissait entre les herbes et soulevait, comme d'un vif éclair argenté, le feuillage bas des millepertuis.

C. Ayant longtemps marché, je me reposais au bord d'une clairière, le dos appuyé contre le tronc d'un hêtre.

D. Elle ne me voyait point et s'ébattait librement, paresseusement parmi les fleurs.

☐ 1. A – D – B – C.

☐ 2. B – C – A – D.

☐ 3. C – B – A – D.

☐ 4. B – D – A – C.

Question 12

Un verbe impersonnel est un verbe dont le sujet ne représente ni une personne, ni un animal, ni une chose définie.

Il ne se conjugue qu'à la troisième personne du singulier.

Lequel des verbes ci-dessous répond à cette définition ?

- ☐ 1. Bruiner
- ☐ 2. Neiger.
- ☐ 3. Pleuvoir.
- ☐ 4. Venter.

Question 13

Laquelle des phrases suivantes comprend un verbe intransitif ?

- ☐ 1. Il est parti hier du service.
- ☐ 2. Elle arriva enfin à son bureau.
- ☐ 3. Il serait resté à son cabinet toute la soirée.
- ☐ 4. Elle allait au travail d'un pas alerte.

Question 14

Replacez les quatre phrases A, B, C, D dans le texte présenté ci-dessous :

A : Tu les vendras aux fripiers pour aller racheter mon fils.

B : Vous figurez-vous que ce Turc ait si peu de sens.

C : Croit-il, le traître, que mille cinq cents livres se trouvent dans le pas d'un cheval ?

D : Que tu te mettes à sa place jusqu'à ce que j'aie amassé la somme qu'il demande.

« Géronte : Il faut, Scapin, il faut que tu fasses ici l'action d'un serviteur fidèle.

Scapin : Quoi, monsieur ?

Géronte : Que tu ailles dire à ce Turc qu'il me renvoie mon fils, et [.......]

Scapin : Eh ! Monsieur, songez-vous à ce que vous dites ? et [.......] que d'aller recevoir un misérable comme moi la place de votre fils ?

Géronte : Que diable allait-il faire dans cette galère ?

Scapin : Il ne devinait pas ce malheur. Songez, monsieur, qu'il ne m'a donné que deux heures.

Géronte : Tu dis qu'il demande…

Scapin : Cinq cents écus.

Géronte : Cinq cents écus ! N'a-t-il point de conscience ?

Scapin : Vraiment oui ! De la conscience à un Turc !

Géronte : Sait-il bien ce que c'est que cinq cents écus ?

Scapin : Oui, monsieur, il sait que c'est mille cinq cents livres.

Géronte : [………………………]

Scapin : Ce sont des gens qui n'entendent pas raison.

Géronte : Mais que diable allait-il faire dans cette galère ?

Scapin : Il est vrai ; mais quoi ? On ne prévoyait pas les choses. De grâce, monsieur, dépêchez.

Géronte : Tiens, voilà la clef de mon armoire.

Scapin : Bon.

Géronte : Tu l'ouvriras.

Scapin : Fort bien.

Géronte : Tu trouveras une grosse clef du côté gauche, qui est celle de mon grenier.

Scapin : Oui.

Géronte : Tu iras prendre toutes les hardes qui sont dans cette grande manne et [………………………]

Scapin : (rendant la clef) : Eh ! Monsieur, rêvez-vous ? Je n'aurai pas cent francs de tout ce que vous dites ; et de plus, vous savez le peu de temps qu'on m'a donné. »

☐ 1. B – D – C – A.

☐ 2. D – B – A – C.

☐ 3. D – B – C – A.

☐ 4. B – D – A – C.

Question 15

Quel est le sens du mot « sagacité » ?

- ☐ 1. Amabilité.
- ☐ 2. Facilité.
- ☐ 3. Naïveté.
- ☐ 4. Perspicacité.

Question 16

« Le trépas vient tout guérir :

Mais ne bougeons d'où nous sommes :

Plutôt souffrir que mourir,

C'est la devise des hommes. »

C'est par ces vers que Jean de la Fontaine termine sa fable *La Mort et le Bûcheron.*

Laquelle des propositions suivantes correspond le mieux à l'idée exprimée ?

- ☐ 1. Mieux vaut mourir que souffrir.
- ☐ 2. La souffrance est le pire des maux.
- ☐ 3. À trop vivre, nous souffrons.
- ☐ 4. Vivre nous importe plus que tout.

Question 17

En utilisant le tableau suivant sur la concordance des temps, indiquez parmi les propositions ci-dessous laquelle est incorrecte.

Temps de la principale : présent et futur de l'indicatif.

Temps de la subordonnée :

a) fait simultané ou postérieur au fait exprimé dans la principale : **subjonctif présent**.

Exemple : je doute qu'il obéisse.

b) fait antérieur au fait exprimé dans la principale : **subjonctif passé**.

Exemple : Je doute qu'il ait obéi.

Temps de la principale : passé de l'indicatif ou conditionnel.

Temps de la subordonnée :

a) fait simultané ou postérieur au fait exprimé dans la principale :
subjonctif imparfait.

Exemple : Je doutais qu'il obéît.

b) fait antérieur au fait exprimé dans la principale : **subjonctif plus-que-parfait.**

Exemple : je doutais qu'il eût obéi.

- ☐ 1. J'aurais voulu qu'il disparût sans délai.
- ☐ 2. Nous étions tristes qu'il eût échoué.
- ☐ 3. Je ne pense pas qu'il sache la vérité.
- ☐ 4. Il ordonna qu'il vînt rapidement.

 *Temps 2*

SE CORRIGER

Question 10
Réponse 4 :

« qu'ils eussent franchi » plus-que-parfait du subjonctif, correspondant à un imparfait de l'indicatif dans la principale.

Question 11
Réponse 3.

Question 12
Réponse T (toutes les solutions proposées sont bonnes) :

Tous ces verbes sont impersonnels et ne se conjuguent qu'à la troisième personne du singulier.

Question 13
Réponse T (toutes les solutions proposées sont bonnes) :

Partir, arriver, rester, aller sont des verbes intransitifs qui n'admettent pas de complément d'objet direct.

Question 14

Réponse 3 :

D B C A.

Question 15

Réponse 4 :

Perspicacité.

Question 16

Réponse 4 :

« Vivre nous importe plus que tout. »

Question 17

Réponse A (Aucune proposition n'est incorrecte).

Les temps employés dans les subordonnées correspondent bien aux temps employés dans les principales :

« J'aurais voulu (conditionnel passé) qu'il disparût (subjonctif imparfait > fait simultané). »

« Nous étions tristes (passé de l'indicatif) qu'il eût échoué (subjonctif plus-que-parfait > fait antérieur). »

« Je ne pense pas (présent de l'indicatif) qu'il sache la vérité (subjonctif présent > fait simultané). »

« Il ordonna (passé de l'indicatif) qu'il vînt rapidement (subjonctif imparfait > fait simultané). »

Mon score : ...... sur 8 points

Auto-évaluation : en situation de concours

**Concours de secrétaire des services du Sénat
Avril 2008**

**Épreuve de présélection
80 QCM à traiter en 30 minutes**

Vocabulaire, orthographe, grammaire

 *Temps 1*

S'ENTRAÎNER

Questions de vocabulaire

Vocabulaire courant

1. « **Partial** » signifie :

☐ A. Pour une part seulement

☐ B. De parti pris, injuste

☐ C. Qui forme partie d'un tout

2. Que signifie « **nonobstant** » ?

☐ A. En dépit de

☐ B. Sous le prétexte de

☐ C. À cause de

3. Dire « **ce n'est pas fameux** » pour « **c'est mauvais** », c'est :

☐ A. Un pléonasme

☐ B. Une métaphore

☐ C. Un euphémisme

4. *Lato sensu* signifie :

☐ A. Au sens latin

☐ B. Au sens large

☐ C. Au sens strict

5. Le contraire d'**officieux** est :

☐ A. Officiel

☐ B. Provisoire

☐ C. Incertain

Vocabulaire juridique

6. La **subsidiarité** n'est pas :

☐ A. Un principe de droit européen

☐ B. Un principe de délégation verticale des pouvoirs

☐ C. Un principe de subvention agricole ou commerciale

7. Une **session** est :

☐ A. Une période pendant laquelle une assemblée siège

☐ B. Une période de suspension des travaux parlementaires

☐ C. Le fait de transmettre un bien ou un droit

8. Reporter une réunion « *sine die* » signifie la reporter :

☐ A. À une date très lointaine

☐ B. À une date très proche

☐ C. Sans fixer de nouvelle date

9. Qu'est-ce que la jurisprudence ?

☐ A. La qualité de prudence chez un juge

☐ B. Le droit de se protéger face à un jugement qui paraît arbitraire

☐ C. L'ensemble des jugements passés que l'on peut utiliser comme référence dans une décision de justice

10. Quel ministre est le Garde des Sceaux ?

☐ A. Le ministre de l'Intérieur

☐ B. Le ministre de la Défense

☐ C. Le ministre de la Justice

11. « Excellence » en formule d'appel de lettre s'utilise pour s'adresser :

☐ A. À un Président de la République

☐ B. À un sénateur

☐ C. À un ambassadeur

Questions de grammaire et orthographe

12. Quelle est la forme correcte ?

☐ A. Les conclusions que la Commission a adoptées

☐ B. Les conclusions que la Commission a adoptée

☐ C. Les conclusions que la Commission a adopté

13. Quelle est la forme incorrecte ?

Attention !

Incorrecte est l'antonyme de correcte : l'emploi du préfixe « in » inverse le sens de la question.

☐ A. Voici la liste des gens auxquels vous devez téléphoner

☐ B. Est-ce bien de votre projet dont il est question dans ce rapport ?

☐ C. Le candidat pour lequel nous avons voté semble compétent

FICHE 30

14. Quelle est la forme incorrecte ?

☐ A. Toute décision vaut dans ce contexte

☐ B. Toutes les décisions se valent dans ce contexte

☐ C. Toute décision se vaut dans ce contexte

15. Quelle est la forme correcte ?

☐ A. Intercomunalité

☐ B. Intercommunnalité

☐ C. Intercommunalité

16. Quelle est la forme correcte ?

☐ A. Je souhaite qu'il conclue rapidement

☐ B. Je souhaite qu'il conclut rapidement

☐ C. Je souhaite qu'il conclût rapidement

17. Quelle est la forme correcte ?

☐ A. Quelques soient les conséquences

☐ B. Quelles que soient les conséquences

☐ C. Quel que soit les conséquences

18. Dans une correspondance, comment orthographie-t-on la formule d'appel ?

☐ A. Monsieur le préfet

☐ B. Monsieur le Préfet

☐ C. Monsieur Le Préfet

19. Complétez la phrase suivante : «… **la copie de la lettre** »

☐ A. ci-jointe

☐ B. ci-joint

☐ C. ci-joins

20. Quel est le bon pluriel ?

☐ A. Des ayants droit

☐ B. Des ayant droits

☐ C. Des ayants droits

21. Choisir une définition pour le mot « **acception** » :

☐ A. Signification

☐ B. Accentuation

☐ C. Accord

22. Quel est le bon pluriel ?

☐ A. Des porte-affiches grillagés

☐ B. Des portes-affiches grillagés

☐ C. Des porte-affiche grillagés

23. Quelle est la forme correcte ?

☐ A. Ces deux discours nous ont plus

☐ B. Ces deux discours nous ont plu

☐ C. Ces deux discours nous sont plus

24. Quelle est la forme correcte ?

☐ A. Nous nous sommes dit au revoir

☐ B. Nous nous sommes dits au revoir

☐ C. Nous nous sommes dis au revoir

25. Quelle est la forme correcte ?

☐ A. Ils se sont donnés entièrement à leur tâche

☐ B. Ils se sont donné entièrement à leur tâche

☐ C. Ils se sont données entièrement à leur tâche

26. Quelle est la forme correcte ?

☐ A. Je vous serais gré

☐ B. Je vous saurais gré

☐ C. Je vous serai gré

27. Quelle est la forme correcte ?

☐ A. Un épilogue, un épithète, une épitaphe

☐ B. Un épilogue, une épithète, une épitaphe

☐ C. Une épilogue, une épithète, une épitaphe

28. Quelle est la forme correcte ?

☐ A. Les institutions que le peuple s'est données

☐ B. Les institutions que le peuple s'est donné

☐ C. Les institutions que le peuple s'est donnés

29. Quelle est la forme correcte ?

☐ A. J'ai souhaité cette loi pour entériner la décision prise

☐ B. J'ai souhaité cette loi pour entérinée la décision prise

☐ C. J'ai souhaité cette loi pour entériné la décision prise

30. Quelle est la forme correcte ?

☐ A. Huit cent millions deux cent quatre-vingt mille six cents euros

☐ B. Huit cents millions deux cent quatre vingts mille six cents euros

☐ C. Huit cent millions deux cent quatre-vingt milles six cent euros

Temps 2

SE CORRIGER

Questions de vocabulaire

Vocabulaire courant

1. Partial signifie :

B. De parti pris, injuste

2. Que signifie « **nonobstant** » ?

A. En dépit de

3. Dire « **ce n'est pas fameux** » pour « **c'est mauvais** », c'est :

C. Un euphémisme

4. *Lato sensu* signifie :

B. Au sens large

5. Le contraire d'**officieux** est :

A. Officiel

Vocabulaire juridique

6. La **subsidiarité** n'est pas :

C. Un principe de subvention agricole ou commerciale

7. Une **session** est :

A. Une période pendant laquelle une assemblée siège

8. Reporter une réunion « *sine die* » signifie la reporter :

C. Sans fixer de nouvelle date

9. Qu'est-ce que la **jurisprudence** ?

C. L'ensemble des jugements passés que l'on peut utiliser comme référence dans une décision de justice

10. Quel ministre est le **Garde des Sceaux** ?

C. Le ministre de la Justice

11. « **Excellence** » en formule d'appel de lettre s'utilise pour s'adresser :

C. À un ambassadeur

Questions de grammaire et orthographe

12. Quelle est la forme correcte ?

A. Les conclusions que la Commission a adoptées

13. Quelle est la forme incorrecte ?

A. Voici la liste des gens auxquels vous devez téléphoner

14. Quelle est la forme incorrecte ?

C. Toute décision se vaut dans ce contexte

15. Quelle est la forme correcte ?

C. Intercommunalité

FICHE 30

16. Quelle est la forme correcte ?

    A. Je souhaite qu'il conclue rapidement

17. Quelle est la forme correcte ?

    B. Quelles que soient les conséquences

18. Dans une correspondance, comment orthographie-t-on la formule d'appel ?

    B. Monsieur le Préfet

19. Complétez la phrase suivante : «… **la copie de la lettre** »

    A. ci-jointe

20. Quel est le bon pluriel ?

    A. Des ayants droit

21. Choisir une définition pour le mot « **acception** » :

    A. Signification

22. Quel est le bon pluriel ?

    A. Des porte-affiches grillagés

23. Quelle est la forme correcte ?

    B. Ces deux discours nous ont plu

24. Quelle est la forme correcte ?

    A. Nous nous sommes dit au revoir

25. Quelle est la forme correcte ?

    A. Ils se sont donnés entièrement à leur tâche

26. Quelle est la forme correcte ?

    B. Je vous saurais gré

27. Quelle est la forme correcte ?

    B. Un épilogue, une épithète, une épitaphe

28. Quelle est la forme correcte ?

    A. Les institutions que le peuple s'est données

29. Quelle est la forme correcte ?

    A. J'ai souhaité cette loi pour entériner la décision prise

30. Quelle est la forme correcte ?

    A. Huit cent millions deux cent quatre-vingt mille six cents euros

Mon score : …… sur 30 points

Index